光文社知恵の森文庫

河合　敦

本当は近くにある大正時代

光文社

本書は知恵の森文庫のために書下ろされました。

前期 大正元年→5年

1912〜1916 23

中期 大正6年→10年

1917〜1921

後期 大正11年→15年

1922〜1926

219

プロローグ

東日本大震災と原発事故、新型コロナウイルスによるパンデミック、少子高齢化による人口の急減、ロシアのウクライナ侵攻による第三次世界大戦勃発の危機。まさに令和という新時代は、予測困難な時代といってよいだろう。インターネットの発達や人工知能の進化などは、人間の生活を根本的に変えうるものになるかもしれない。

つまり、私たち現代人はいま、歴史の大きな転換期に立っているのである。

ただ、人類はたびたびこうした画期に直面し、どうにか変化に対応してきた経緯がある。とくに**現代と状況が似通っているのが、ちょうど100年前の大正ニッポンであろう**。これから詳しく述べていくが、**令和のいまと大正時代は驚くほど相似性がある。**

そこで本書では、大正時代という激動期を日本人がどう乗り越えていったかをテーマに、当時起こった大事件やトピックを詳しく語っていこうと思っている。

ただその前に、まずは大正時代の概観をざっくりとつかんでいただこう。

大正時代は15年（1912年〜1926年）という短い期間であったが、まさに激動の時代であり、歴史の一大画期といえた。そんな大正時代の特徴を一言でいえば、**大衆化と国際化への転換期**と表現することができる。

政治や文化は国民主導へと移行し、気に入らなければ民衆が内閣を打倒できるようになった。文化の潮流も知識人が牽引するのではなく、**大衆が自ら創り出す力量が蓄積**された。国際社会でも、帝国日本は大きな存在感を放ちはじめる。日露戦争に勝利し**帝国主義国家の仲間入りを果たした我が国**は、第一次世界大戦の戦勝国としてアメリカやイギリスに次ぐ**強国**となり、**国際連盟の常任理事国**として世界の平和と発展に責任を負う立場に立ったのである。

この時期、藩閥や官僚に牛耳られてきた民衆（一般国民）が、自由の拡大や民主主義を求めて政党内閣制や普通選挙制度を強く求めるようになった。こうした思潮や運動を歴史用語では**大正デモクラシー**と呼んでいる。その発端となったのが、第一次護憲運動である。

明治45年（1912）7月30日、明治天皇が崩御し、皇太子の明宮嘉仁親王が即位した。これにより45年間続いた明治時代は終わりを告げ、年号は「大正」と改まった。ちょうどこの頃、緊縮財政を進めていた第2次西園寺《さいおんじ》公望《きんもち》（立憲政友会）内閣は、陸軍の要求する2個師団の増設について、最終的に却下することに決めた。すると陸軍はこれに不満を持ち、陸軍大臣の上原勇作を辞任させたうえ後任者を推薦しなかったのだ。この当時、軍部（陸軍・海軍）大臣は現役の中将・大将に限るという規則があり、首相は軍の推薦を受けた中将や大将を軍部大臣に任じていた。ところが今回、陸軍がなかなか推薦者を出そうとしなかったのである。これを**陸軍のストライキ**と呼ぶが、その結果西園寺内閣は総辞職を余儀なくされた。

次の首相には、内大臣兼侍従長として宮中に入ったばかりの**前首相・桂《かつら》太郎《たろう》**（長州出身の陸軍閥）**が就任**した。国民は、「宮中と政治の別を乱すものだ」と怒り、各地で「**閥族打破、憲政擁護**」を叫ぶ反対集会が開かれるようになった。野党の立憲政友会と立憲国民党はこの動きに同調し、**激しい倒閣運動**（第一次護憲運動）をくり広げた。桂首相は新党をつくって対抗しようとしたが失敗し、組閣からわずか50日で桂内閣は総辞職した。これを**大正政変**と呼ぶが、民衆の力で内閣が倒れた歴史的瞬間であり、大正新時代の幕開けとして象徴的な出来事だった。

次に内閣を組織したのは、薩摩出身の**海軍閥のリーダー・山本権兵衛《やまもとごんべえ》**。もちろん国民は不満だったが、当時は現在のように議会で首相が決まるわけではなく、数人の元老（国家の元勲）が適任者を天皇に推薦する仕組みになっていた。さらに国民を失望させたのは、護憲運動をになった立憲政友会が山本内閣の与党になったことだ。このため大正3年（1914）に海軍の**汚職事件（シーメンス事件）**が発覚すると、倒閣運動が再燃、国会議事堂を数万人の民衆が取り巻く状況になり、**第1次山本内閣は総辞職**に追いこまれた。

国民の意にそわなければ政治運営ができないと悟った元老たちだが、さりとて政党には政権を渡したくはない。そこで引っ張り出してきたのが、引退して久しい**大隈重信《おおくましげのぶ》**だった。閥族があやつる大隈内閣だったが、人気政治家の登板に人びとは熱狂した。

同年、オーストリアの帝位継承者が暗殺されたことを機に**ヨーロッパを主戦場とする第一次世界大戦が勃発**した。大隈内閣は、**日英同盟のよしみでドイツに宣戦**。日本軍はドイツの勢力圏だった山東省やドイツの植民地・南洋群島を制圧した。そして、**中華民国の袁世凱《えんせいがい》政府**に対し「山東省のドイツ権益の継承。旅順・大連の租借期限の延長。中国政府に政治・財政・軍事顧問として日本人を招聘する」といった**二十一カ条**の要求を提示した。袁世凱は受け入れを拒んだが、日本は要求の一部を引っ込めたうえで最後通牒を突きつけ、強引に受諾させた。

こうして中国に勢力を拡大した日本だったが、**国内では空前の好景気**が訪れていた。大戦の勃発で輸出が急増したからである。

本国で戦争が起こると、ヨーロッパ企業はアジア市場から撤退、代わって日本が大量に品物を供給するようになった。また、大戦で諸物資が不足するヨーロッパやアメリカへも膨大な品々を輸出したのである。さらに戦争による船舶の不足で**国内の海運業や造船業、鉄鋼業などが躍進**した。結果、**工業生産額のうち30％を重化学工業が占める**ようになり、**工業労働者も100万人**を突破する。

ただ、大戦中の大正6年（1917）、**ロシア革命**がおこり、**初の社会主義国家・ソヴィエト政権**（後のソ連）が誕生した。天皇制を国体とする日本にとって、この出来事は**大きな脅威**だった。そこで翌年（1918）、時の寺内正毅《てらうちまさたけ》内閣（陸軍閥）は、アメリカやイギリスなどと共同し、**シベリアへの出兵**を決めた。すると、兵糧の需要増を見越した商人が米の買い占めに走り、諸物価が急騰。**生活苦に陥った富山県の女性たちが、米を船で他県に移送することをストップさせた。**この事件を新聞が「**越中女一揆**」などとセンセーショナルに書き立てたことで、全国各地で暴動（**米騒動**）が発生する。寺内内閣は軍隊を出動させて鎮圧したが、このやり方に国民が激しく反発、結果、寺内は退陣に追い込まれた。

国民は、大正政変や米騒動を通じて自分たちの政治力を自覚するようになるが、そうした行為を正当化した思想や理論が、**民本主義**や**天皇機関説**であった。

民本主義は、政治学者の**吉野作造**（東大教授）がとなえたもので、**民主主義と同意**だった。ただ、大日本帝国憲法の天皇主権条項に配慮し、吉野は「国民は主権を持たないが、政治は一般民衆を重んじて運営していかねばならない」と憲法の範囲内での民主主義の励行を主張した。

天皇機関説は、**美濃部達吉**（東大教授）が弁じた憲法解釈である。美濃部は、「国家は同じ目的をもつ多数の人間の集合体であり、**天皇も議員も一般国民も共同の目的**

で結合している組織なのだから、国家の最高機関である天皇は、組織全体の目的のために政治をおこなうべきだ」と考えた。すなわち、天皇が国民の権利をおさえて絶対服従を強いる専制を否定し、政党内閣制こそ正しいあり方だと説いたのである。

こうした風潮のなかで、普通選挙を要求する声が強まっていった。とくに米騒動で寺内内閣が倒れると、**平民出身の原敬**《たかし》（立憲政友会総裁）が内閣を組織するが、陸・海・外相以外は政党員という本格的政党内閣だったので、国民はこの内閣に普選の実現を期待した。ところが原首相は時期尚早と考え、選挙権の納税制限を撤廃しなかった。そこで野党（憲政会）が議会に普通選挙法案を提出したところ、原は解散総選挙に打って出た。結果、与党の政友会が大勝し、普選運動は一時頓挫する。

が、その後もこの動きが止むことはなく、大正13年（1924）に清浦奎吾《きようらけいご》が貴族院を基盤に閥族内閣を組織すると、第二次護憲運動が起こった。運動の中心になった3政党（憲政会・立憲政友会・革新倶楽部の護憲3派）は、普選断行をかかげて倒閣を実現。首相となった**加藤高明**（憲政会総裁）は、**普通選挙制度**（**満25歳以上の男子に無条件で選挙権付与**）を成立させたのである。なお、加藤高明（第1次）内閣以後、衆議院での第一党党首が内閣を組織する（政党内閣）のが慣例となった。元老の西園寺公望の英断であり、これを**憲政の常道**と呼び、およそ8年間続いた。

大正時代は、労働者、小作、**女性など社会的弱者が団結し、声を上げ始めた時代**でもあった。大正元年に鈴木文治が設立した友愛会（労働運動支援組織）は、大正8年に大日本労働総同盟友愛会と改称して階級闘争を強め、各職場でのストライキを支援・指導した。翌大正9年には第1回のメーデーが開かれ、ますます労働運動が高揚した。農村でも小作料の引き下げを求める小作争議が頻発する。

明治44年（1911）、**平塚らいてう**は文学を通して女性の自我の確立をはかる**青鞜社を設立**、機関紙『**青鞜**』を刊行した。ところが**当時の社会は、青鞜社の社員に圧迫や冷笑を浴びせかけた**のである。女性差別を実感した平塚は大正8年、**市川房枝**らと**新婦人協会**を設立、女性の地位向上を目指し、女子の政治結社加入を禁ずる治安警察法第5条を撤廃させた。

また、差別を受けてきた被差別部落出身の人びとも**全国水平社**を設立、自主的に差別を撤廃しようと部落解放運動を展開した。

ソ連が誕生したこともあって、大正9年（1920）に日本社会主義者同盟が成立、大正11年には、非合法のうちに堺利彦や山川均らが日本共産党を結成、共産思想が社会に静かに浸透していった。このため政府は大正14年（1925）に**治安維持法**という、国体（天皇制）の変革と私有財産制度を否認する団体や個人を取り締まる法律を制定した。後にこの法律による最高刑が死刑となり、さらに昭和初期になると社会・共産主義だけでなく自由主義などもこの法律で取り締まるようになった。

第一次世界大戦は1600万人以上の犠牲者を出したが、戦時中に流行した**スペイン風邪**（新型インフルエンザ）はパンデミックを起こし、この人数を遥かに上回る**5000万人から1億人もの人びとの命を奪った**とされる。

一説では、若者の多くが罹患して亡くなり、徴兵する人間が不足したことで世界大戦の終戦が早まったという説があるほどだ。

我が国でも**人口の43%にあたる約2380万人がスペイン風邪に罹患**し、**約39万人が死去**した。劇作家の**島村抱月**がスペイン風邪で亡くなったとき、不倫相手で有名女優の**松井須磨子が後追い自殺**したことは、社会に大きな衝撃を与えた。

ともあれ世界大戦は、**パリ講和会議**で**ヴェルサイユ条約**（講和条約）が結ばれて終結した。これより前、アメリカのウィルソン大統領は十四カ条の平和原則をかかげ、平和を維持する国際機関の設置を求めた。これにより**国際連盟が設立**され、**日本は常任理事国**に選ばれるが、連盟規約を話し合う場で、**日本全権は人種差別撤廃案を盛り込もうとした**。当時、アメリカやカナダなど各国で日系移民が差別的立場におかれていたからだ。しかし、イギリスの反対で否決されてしまう。

ただ、人種差別撤廃を求める一方で日本は、**山東半島におけるドイツ利権**の継承やドイツの植民地であった**南洋群島の統治権を講和会議で要求**した。中国は強く反発したが、日本はそれを押し切って利権を手に入れた。また、植民地である朝鮮の独立運動（三・一運動）を徹底的に弾圧した。このように人種差別撤廃とは、かなり矛盾する動きをみせたのである。

大戦終結後、アジア・太平洋地域ではまだ激しい軍拡競争をおこなっていた。そこでアメリカは、関係国をワシントンに招き、大正10年から軍縮を目的とする国際会議（ワシントン会議）を開いた。会議では、アジア・太平洋地域の平和維持や海軍力の削減を決めた諸条約が結ばれた。

軍部は不満をみせたが、高橋是清内閣や日本全権の加藤友三郎海軍大臣らが締結に踏み切ったのである。そして大正13年、全権の一人だった**幣原《しではら》喜重郎《きじゅうろう》**が外務大臣に就任すると、ワシントン会議の国際協調路線を貫き、**英・米との対立を避け、中国への内政不干渉の立場をとる外交を進めた。**また、シベリア出兵で悪化したソ連との関係改善につとめ、大正14年、**日ソ基本条約を結んで国交を樹立**した。こうした幣原の協調外交により、有数の強国となった日本は、世界平和に大きく貢献したのである。

大正時代は、大衆文化が花開いた時期であった。皆が小学校に通い識字率が一気に上がり、**新聞や雑誌、映画などのメディアの発達**が著しかった。また、原内閣の政策によって高等教育が拡充され、**サラリーマン**（俸給生活者）も増え、女性の社会進出も始まった。都市部での人びとの生活は洗練されてモダンになり、**断髪洋装姿**で昼は**銀座**を歩き、夜はダンスホールで踊りを楽しむ**モダンガール（モガ）**や**モダンボーイ（モボ）**と呼ばれた若者たちも登場した。都市では**丸の内ビルヂング**に代表される鉄筋コンクリートビルが並ぶようなり、百貨店には品物があふれ、道路には**円タク**や**市バス**が走り、**地下鉄**の工事も始まった。**東京駅**が誕生したのも大正時代のことだった。

都市郊外では和洋折衷の**文化住宅**（洋風市民住宅）が建ち並び、**ガス・水道・電気のインフラが普及**し、農村部にも電灯がともるようになった。カレーライス、とんかつ、コロッケなど**三大洋食**にみられるように、日本人の食生活も大きく変化していった。

娯楽としての映画も全盛期を迎えた。東京では浅草がその中心だったが、まだ無声映画が主力で、弁士が活躍した。活字文化の発達も目を見張るものがあった。新聞や雑誌のなかには部数100万をほこるものもあり、とくに新聞は、護憲運動など世論を牽引する役割を果たした。1冊1円の廉価で文学全集を売る円本が登場したのもこの時期のことだ。純文学では、**武者小路実篤**《むしゃのこうじさねあつ》などの**白樺派**や**芥川龍之介**などの**新思潮派**の作家が活躍したが、**吉川英治**や**江戸川乱歩**のような大衆文学も人気をはくした。また、労働運動が高まると、労働者の生活に根ざした**プロレタリア文学**も登場した。

大正14年、文化の大衆化を促進する新たな巨大メディアが誕生する。そう、**ラジオ放送**である。東京と大阪ではじまった放送は、数年後は**全国にネットを張る**ようになり、ニュースだけでなく歌謡、スポーツ、ドラマ、落語などが流された。

ラジオ放送の開始は、**関東大震災**で早まったとされる。大正12年（1923）9月1日、大地震が関東一円をおそい、東京市（当時。現在の東京23区に相当）や横浜市は壊滅した。この関東大震災での死者・行方不明者は10万5千人にのぼった。このおり、「朝鮮人が井戸に毒を投げ入れた、暴動を起こした」といった**デマが広がり**、これを信じた自警団（近隣住人で自発的に結成）などによって**多数の朝鮮人や中国人が殺害された**のである。

情報の混乱による悲劇を教訓に、正確な事実を素早く大勢に伝えることのできるラジオ放送の開始が前倒しとなったのだ。

関東大震災での被害総額は当時の金額にして**60億円**をこえた。しかもこの時期、日本の景気は低迷していた。戦時中、大戦景気に浮かれていた日本だが、戦争が終結すると輸出が激減し、大正9年（1920）に**株価が大暴落して戦後恐慌**が発生したのだ。そのうえ今回の震災で銀行や首都圏の企業が大損害をうけ、21億円近い手形の流通や決済が困難になり、政府（第2次山本内閣）は支払猶予令を出したり、損失補塡をおこなったりしたが、なかなか整理が進まず、巨額の震災手形が残り、銀行がいつ倒産してもおかしくない状況となった。やがてこれが、金融恐慌を誘発するのである。

以上、大正時代について政治、国際関係、文化を中心に見てきた。わずか15年という短期間であったが、じつにさまざまな出来事が起こり、日本の社会も大きくかわったことが理解いただけたはず。しかもこの時期の事象は、現代の日本にも大きな影響を及ぼしているのである。それではこれからいよいよ本編に入っていく。ぜひ100年前の大正ニッポンの姿を追体験していただき、驚きと感動を味わっていただきたいと思う。

大正

前期

大正元年 ▶ 5年

1912 − 1916

01
政治

陸軍のストライキから始まった憲政擁護運動

大正元年

1912年

明治45年（1912）7月30日（実際は前日の夜）、明治天皇が59歳で崩御した。この日、皇太子の嘉仁《よしひと》が皇位をつぎ、元号は「**大正**」と改められた。そう、大正時代の始まりである。いつの世でもそうだが、元号が変わると、国民のなかに新時代の到来や新しい改革を強く期待する風潮がうまれる。とくに当時の人びとは、薩長など閥族が支配する政治形態にうんざりしていた。

時の総理大臣は、立憲政友会総裁の**西園寺公望**だった。とにかくこの時期の経済はよくなかった。日露戦争が終わったので、軍需景気がはじけて戦後恐慌が起こり、不景気となっていた。なおかつ大帝国ロシアとの戦いでは膨大な戦費を消費したが、その大半を内外債に頼っていたので債務が大きくふくれあがり、その返済に追われていた。貿易もずっと輸入超過の状態のまま。

こうした状況なので、西園寺内閣は仕方なく、**戦時の臨時増税をそのまま恒久化す**

るという強引な手段をとった。当然、このやり方に農村や都市の商工業者は反発、減税を求める声は日増しに強くなっていた。

一方で陸海軍は、再びロシアと全面戦争が起こると考えていた。

また、日米関係が険悪となり武力衝突の可能性も出てきた。じつは日本は「ロシアに勝利して満州（現在の中国東北部）の鉄道利権を獲得したら共同統治しますよ」とアメリカに約束していたのに、急にそれを反故にしたのだ。いずれにせよ、日本軍は明治40年に策定した「帝国国防方針」にしたがい、**ロシアとアメリカの二大国を仮想敵国にすえ大軍拡を計画**、それを実現するための予算確保を政府に求めるようになった。とくに陸軍は、ロシアや中国の辛亥《しんがい》革命にそなえるため、植民地の**朝鮮半島に2個師団の増設を要求**した。

だが、いま述べたような経済状態なので、西園寺内閣は超緊縮財政をしいてあらゆる予算を削減しており、師団の増設もやむなく拒絶した。

しかし、陸軍は納得しなかった。なぜなら、**海軍には建艦計画を予算化**したからである。

同大正元年（1912）11月22日、**上原勇作**陸軍大臣は、陸軍を代表して閣議に2個師団増設案を提出し、その実現を閣僚たちに強く迫った。仕方なく西園寺首相は「来年度の予算案には盛り込むことはできない。ただ、1年待ってもらえるのなら、増設は認めよう」と妥協案を提示した。

だが上原陸軍大臣は、大正天皇のもとへ直接おもむいて「内閣の決定は、国防の重要性を無視するもの。これ以上私は、内閣にとどまることができません」と述べたのである。じつは軍部（陸軍・海軍）大臣にかぎっては、軍事に関する意見を天皇に直接上奏する権限があたえられていた。これを**帷《い》幄《あく》上奏《じょうそう》**と呼ぶが、12月2日、上原陸相は帷幄上奏をおこなったうえで、単独で辞表を提出した。

そこで西園寺は、上原の後任を出してくれるよう、**元老**の**山県《やまがた》有朋《ありとも》**に依頼した。山県は陸軍閥を牛耳る実力者。ところが、師団増設の拒否に腹を立てていた**山県**は、**陸相の後任について渋る態度をみせた**のである。

ならば陸軍の軍人にこだわらず、政党人や民間人から陸軍大臣を登用すればよいではないかと思うだろう。

けれど当時は、軍部大臣現役武官制といって、陸軍・海軍大臣は、現役の大将・中将からしか選ぶことができなかった。現役ということは現在も軍に所属しているわけだから、**内閣には軍部大臣を勝手に任命する人事権**はない。このため、どうしても軍の推薦や同意を得る必要があった。つまり、軍が大臣候補者を推薦してくれなければ、軍部大臣が決まらず、内閣は維持できない仕組みになっていた。

このように、行政権を軍部が大きくしばるシステムは、十数年前に山県自身が首相のときに構築したものであった。そして、最初にこの制度を悪用したのも、山県自身となったわけだ。

山県ら陸軍が後継大臣を出すのを渋った事件を、ぞくに**陸軍のストライキ**とよんだ。すると12月5日、西園寺は正式に陸軍と交渉することなく、**内閣総辞職**を断行した。これは陸軍にとって予想外の事態だった。駄々をこねれば政府も仕方なく自分たちの要求を受け入れるだろうとタカをくっていたからだ。

西園寺ら立憲政友会がろくに陸軍と話し合いもせずにあっけなく政権を捨て去ったのは、勝算があったからだった。民衆の力に期待したのである。

この時期、民衆の力は強大化しつつあった。それをまざまざと見せつけたのが、数年前の明治38年（1905）に発生した**日比谷焼打ち事件**だった。

日露戦争では、講和交渉で1円も賠償金が獲得できなかった。このため**日露講和（ポーツマス）条約が調印される日、日比谷公園で反対集会**がおこなわれ、その一部が暴徒化して破壊活動をはじめた。暴動は収拾できないほどの規模になり、ついに政府は戒厳令を出さざるを得なくなった。その後、騒動は各地へと広がっていった。

さて、今回は西園寺内閣が辞職する前から各地の商業会議所やマスコミなどが陸軍の2個師団増設に反対していた。陸軍が傲慢なストライキをおこなって西園寺内閣を苦しめ、ついに総辞職に追い込むと、**世論は激しく陸軍を非難**するようになった。

12月半ばには、新聞記者や弁護士たちが中心になって憲政作振会が結成され、山県有朋などの元老が国政に関与することを強く攻撃した。

立憲政友会本部は、全国の支部へ陸軍のストライキの経緯を説明し、師団増設反対、閥族消滅をとなえて、巧みに民衆の扇動をはじめた。この動きに新聞社が積極的に協力、運動はたちまち庶民の熱い支持を得て、全国へと広がっていった。12月14日には政友会の尾崎行雄、立憲国民党の犬養毅らが時局対策有志懇談会を築地精養軒で開き、憲政擁護会の設置を決めた。
　こうして**民衆の支持**を背景に、政党やマスコミは、軍部や官僚勢力（閥族）に揺さぶりをかけ、自派の勢力を拡大しようとしたのである。

大正といま、ココが同じ

民衆の支持＝内閣支持率はやっぱり重要

02

政治

貧乏くじを引いた桂太郎が考えた起死回生の策とは？

大正元年

1912年

前項の続きである。西園寺公望内閣の突然の総辞職を受け、大正元年12月6日、元老会議が開かれた。元老というのは国家の元勲のことで、天皇の指名を受けてその補佐にあたった大政治家や軍人たちをさす。法律に則った公的な役職ではなかったが、彼らの会議によって首相候補者が選定され、推挙された該当者に天皇が組閣を命じるというシステムが慣例化していた。

元老たちは、世間の混乱をみて西園寺に強く留任を求めたが、西園寺はそれを一蹴し、逆に元老の**松方正義を首相に推薦**した。そこで大山巌《いわお》・井上馨《かおる》の両元老が、鎌倉にいる松方のもとへ出向いて説得にあたったが、翌日、松方は病気を理由にこれを断った。閥族（軍人や官僚）に対する民衆の反感を目《ま》の当たりにして躊躇《ちゅうちょ》したのだろう。

その後、海軍のトップである山本権兵衛や官僚の平田東助にも打診がなされたが、いずれも拒絶した。誰だって貧乏くじは引きたくない。

結局、後継が決定するまで、なんと**10回も元老会議が催された**。最後は責任を感じた山県が「この難局を収拾するのは私か桂太郎しかいない。どちらかを選んでくれ」と述べたという。ただ、さすがに老齢の山県を選ぶのは酷なので、元老たちは桂を選択した。

桂は二度の首相経験があり、有能な政治家であった。しかも長州出身の軍人で、山県有朋の一の子分とみなされていた。桂は最終的にこの依頼を受諾した。

ただ、じつはこの時期、山県と桂の間には、すきま風が吹いていた。

桂は、明治後半から10年以上にわたり、政友会総裁の西園寺と交代で内閣を組織してきた。俗に**桂園《けいえん》時代**というが、言ってみれば**閥族と政党が妥協しながら政権をたらい回しにした時代**といえる。

桂は、明治維新で中心的な活躍をした元勲以外ではじめて首相に就任した人物。いわば第2世代の政治家だった。だが、裏で政治の実権を握っていたのは元老であった。しかし、伊藤博文が暗殺された後、明治天皇は伊藤にかわって深く桂を寵愛し、全面的な信頼を寄せるようになった。桂は世間から「**ニコポン**」と呼ばれていた。ニコニコと笑顔で相手に接し、親しく肩を叩くという意味だが、そんな性格が天皇に愛されたのかもしれない。

研究者の小林道彦氏によれば、桂は「〝老耄《ろうもう》〟山県らを差し置いて、自分が伊藤(〇九年一〇月、死去)の後継者になろうという野心を抱くようになった。桂は元老(元勲)筆頭兼首相として天皇に仕えたいと考えていたのである。だが、桂が〝伊藤になる〟ためには、伊藤による立憲政友会結成の先例を踏襲して、新党を結成して自らその総裁に就任することが必要であった」(『大正政変―国家経営構想の分裂』千倉書房)。

こうして桂は、第2次内閣を総辞職した後、私的にヨーロッパをめぐっていたのである。しかし、明治天皇が崩御したのであわてて帰国すると、山県から「新帝(大正天皇)のために近くで補佐するのが明治天皇のためだ」と強引に内大臣兼侍従長を引き受けさせられてしまった。

この職は宮中における重職だが、当時は宮中に入った者は府中(行政)に関与しないという慣例があった。つまり小林氏は「山県は、急遽帰国したばかりの桂(八月一一日、帰京)を、〝新帝輔翼《ほよく》〟の名目で内大臣兼侍従長に就任させ」、「いわゆる宮中府中の別を口実に、桂を宮中に政治的に封じ込め」（前掲書）たと解釈している。

だが、師団増設問題で山県が窮地におちいり、時期首相が決まらぬなかで、ついに桂に政界復帰のチャンスが訪れたわけだ。

桂は「先輩である山県に重い負担を与えるわけにはいかない」として、首相を引き受けた。桂は世間の反感をかわすため、大正天皇に「内閣を組織しなさい」という**異例の勅語**を出してもらった。また、留任を嫌がる斎藤実《まこと》海軍大臣へも天皇から勅語を出してもらい、大臣の椅子にとどまらせた。こうして、**第3次桂太郎内閣**が発足したのである。


このときまだ桂は、民衆の力を甘く見ていた。

だが、人びとは宮中に入った閥族の代表が、すぐに政界にもどって首相に就いたのは、「宮中と政治の別を乱すものだ」と激しく批判しはじめた。こうした世相を追い風に、立憲政友会と立憲国民党の一部の代議士らは「**閥族打破・憲政擁護**」というスローガンのもとに活動し、憲政擁護会が中心になって倒閣運動をすすめた。

桂内閣発足直前の12月19日、銀座の歌舞伎座で第1回憲政擁護大会が開かれた。憲政擁護とは、三権分立の原則を認めた憲法にもとづく政治を守るという意味。

大会には3000人もの支持者が集まり、会場に入りきらずに場外に人があふれたという。新聞社も全面的にこの運動を応援、関連記事を大々的に掲載したのだった。この結果、全国で閥族打破や師団増設反対を叫ぶ演説会や集会が開かれるようになり、護憲運動は空前の盛り上がりをみせた。

しかし桂首相は、こうした大衆運動など相手にしなかった。代議士の支持を取り付けることができれば、何とでもなると安易に考えていたのだ。だから大正2年1月20日、桂首相は記者会見を開いて新党構想をブチあげた。新党をつくって議会で過半数を獲得しようというのだ。

立憲国民党からは多くの代議士が桂新党に参加することになっていた。政友会系代議士たちも大勢合流するはず。憲政擁護運動などは勢力伸張のための方便に過ぎないと桂は考え、「新党構想を発表すれば、権力ほしさに群がり集まってくる」と確信していた。じっさい、原敬など政友会主流派は、桂内閣との提携も視野に入れ、憲政運動とは一定の距離を保っていた。

しかし、蓋を開けてみたところ、集まった人数はたったの83名（議員総数は381名）、しかも期待していた政友会からは1人の参加者もいなかった。桂にとっては、まさかの予想外の結果だった。

実は政友会の主流派らは、憲政擁護運動の空前の盛り上がりをみて、方向を民衆側にすばやく転換していたのである。桂太郎は完全に時勢を読み違えたのだ。

大正といま、ココが同じ

出世には「ニコポン」が効く

03
政治

初めて民衆が内閣を倒した大正政変

大正2年

1913年

桂太郎首相は、憲政擁護運動など相手にせず、過半数の代議士を集めた新党をつくり、権力を維持しようと考えた。だが、先述のとおり新党構想は大失敗に終わり、政治的な危機を迎える。

大正2年（1913）2月5日、桂内閣が命じていた帝国議会の停会期限が過ぎ、議会が再開する。このとき**数万の群集が議事堂の周辺をとりまき、桂内閣打倒を叫んで気勢をあげる**という異常な事態が起こった。当日、憲政擁護派の代議士たち（主に政友会）は白バラの徽章を胸につけて議事堂に現れた。群集は白バラの議員が現われるたびに熱烈なエールをおくった。

さっそく議会では内閣不信任決議案が出された。政友会の**尾崎行雄**が演台に立ち、その理由を説明したが、いまでも教科書に掲載されるような名演説となった。尾崎はいう。

「あなたがた閥族は、口を開けばすぐに忠君愛国を口にだす。あたかもそれが自分たちの専売特許のように思っている。しかし、実際には、天皇の陰にかくれて政敵を狙撃するような卑怯なやり方をしている。いい加減に天皇の座を胸壁とし、勅語を弾丸として、私たちを倒そうとするのはやめよ」

そう放言して、桂に向かい手をふったという。瞬間、桂の顔がサッとこわばり、血の気が引いて顔面が蒼白になったと伝えられる。

提出された**内閣不信任決議案は、賛成多数で可決**された。そこで、これ以上の議会運営が困難だと判断した桂は、議会に対して5日間の停会を命じた。民衆はその措置に激怒して、全国的に大暴動が発生しそうな不穏な空気がただよいはじめた。

2月9日、政友会総裁で前総理の西園寺公望は、にわかに大正天皇からの呼び出しをうけた。御前に参向すると、天皇は西園寺に、「議会の混乱に憂慮している。あなたは国家の重臣である。私の気持ちを察し、この事態の解決に動いてほしい」と告げたのである。つまり、「政友会に内閣不信任決議を取り消してほしい」と暗に求めたわけだ。もちろん天皇の発言は、桂ら閥族が裏で糸を引いていた。しかしながら当時、

2月10日、国会議事堂周辺には大勢の民衆が詰めかけた

天皇の言葉には絶対的な重みがあった。大いに悩んだ西園寺は、最終的に立憲政友会の総裁を辞任する道を選んだのである。こうすれば護憲運動を妨げずに済むし、天皇の意向を拒絶したことにもならない。

こうして憲政擁護運動の危機は回避され、政友会はますます桂内閣攻撃を強めていった。

2月10日、議会が再開された。

やはり、当日も**国会議事堂の周辺には大群衆が詰めかけ**、激するあまり堂内へ乱入しそうな状況になっていた。

政府は治安維持のため、周辺に500

0人もの警官を配置した。しかしとうとう民衆が騒ぎはじめ、議事堂の入口に殺到した。すると騎馬の巡査25名が人々のなかに割り込み、追い散らしたのである。だが、こうした行動で対処できるのもわずか、群衆に押し破られるのはもはや時間の問題だった。

この日、桂太郎は「政友会が不信任案を撤回しないようなら議会を解散してしまおう」と考えていた。そして政友会が内閣に敵対を表明した段階で解散を決意、大岡育造衆議院議長にその方針を伝えた。

ところがこのとき大岡は、「いま議事堂の外では大衆が騎馬巡査に踏みつけられている。議会を解散したと伝われば、民衆は黙っていないだろう。血を見るのは必至。へたをすれば、内乱に発展するかもしれない。よく考えてほしい」と暗に桂へ辞職を促したという。

場外の騒擾《そうじょう》は、議事堂内にいてもひしひしと伝わってきた。

ここに至って桂は、議会に3日間の停会を命じ、**内閣を総辞職**したのである。

ただ、桂内閣が総辞職したその日、事情がよく飲み込めない民衆は、各地で暴動事件を起こし、政府系の新聞社や交番を襲撃したのだった。

いずれにせよ、このとき桂太郎は在職わずか50日で退陣を余儀なくされたのである。しかも内閣を打倒したのは民衆であった。これは日本の政治史上、画期的な出来事であった。

コレ、大正に始まりました
民衆の不満によっての倒閣

04
政治

閥族に決定的ダメージを与えた シーメンス事件

大正3年

1914年

憲政擁護運動によって第3次桂太郎内閣が倒れた。次に政権をとるのは、通常ならこの運動を展開した立憲政友会や立憲国民党の党首（総裁）であろう。だが、そのいずれでもなかった。

次に内閣を組織したのは、**海軍大将**で**薩摩閥のリーダー山本権兵衛**だった。山県率いる長州・陸軍系とは異なったものの閥族には変わりない。先述のとおり、次期首相は元老会議によって決定されたので、民意で組閣を阻止できなかったのだ。さらに人々にショックを与えたのは、立憲政友会が次期内閣に参加することを条件に閥族との妥協をはかったことだった。ある意味、政友会は国民を裏切ったのだ。

首相に決まった山本権兵衛だが、幕末に薩摩藩（鹿児島県）に生まれ、海軍兵学校を卒業して海軍に入り、高千穂艦長、海軍省官房主事などをへて政治家に転身し、第2次山県内閣から第1次桂太郎内閣まで、ずっと海軍大臣の地位にあった。**陸軍**は**長**

州閥が握っていたが、**海軍**は**薩摩閥**が支配しており、山本はこの当時、薩摩閥の重鎮として海軍の実権を握っていた。

そんな山本が首相に推薦されたので、社会には不満の声が渦巻いた。政友会のなかでも、山本は支持できないとする意見がかなり強かった。しかし、政友会主流派の**原敬**らは、閥族の山本と提携して政権をになうのが現実的な選択であると考え、閣僚の大半を政友会党員とすること、政友会の主義主張に沿った政治をおこなうことを条件に、山本内閣の与党となることを申し入れたのである。山本は、これを喜んで受け入れた。

こうして、首相は山本だが、外務・陸軍・海軍の三大臣以外は、すべて政友会から大臣を出すという、ほとんど**政友会内閣に近い第1次山本内閣が成立**した。

繰り返しになるが、閥族打破をとなえて大衆を扇動した政友会は、桂内閣が倒れるやいなや、コロリと主張をかえて閥族である山本と手を結んだわけだ。あまりに節操がない気がするが、政友会内部でも山本内閣との連携に反対するグループ（26名）があり、彼らは脱党して新たに**政友倶楽部**を創設した。

政友会との合同を考えていた**立憲国民党**の**犬養毅**は、このような事態に激怒したというが、それは国民も同様で、支持率が最悪の状況で山本内閣は船出しなくてはならなかった。しかし、山本首相は、立憲政友会の第2次西園寺内閣の政策を継いで、思い切った**行政改革を断行**し、**官僚5000人以上の定員を削減**した。**軍部大臣現役武官制も廃止**し、予備・後備の将官も軍部大臣になれるよう枠を広げ、さらに文官任用令を改正して、以前のようにある程度官僚を自由に任用できるようにしている。こうした山本の政治的リーダーシップは大いに評価できるだろう。

ところが、このような行政改革のなか、大事件が発生してしまう。**シーメンス・シュッケルト**というドイツの電気会社が、**海軍**に電気機械を買ってもらうかわりに、**日本海軍の高官にリベートを渡す約束をしていた**ことが発覚したのだ。さらにこの事件を調べていくなかで、数年前、やはり**海軍の高官**が戦艦の発注にからんで、イギリスの**ヴィッカーズ社から巨額の賄賂を受けとっていたことも明らかに**なる。

海軍といえは、山本権兵衛の拠点。その海軍の度重なる汚職事件の発覚で、山本内閣は危機に陥った。もともと国民に人気のなかった内閣なので、この汚職事件（**シー**

メンス事件）を知って民衆はふたたび騒ぎ出したのである。

憲政擁護会は『**薩閥根絶・海軍廓清**《かくせい》』（薩摩閥を滅ぼせ、海軍の悪いものを追い出して清めろ）をスローガンにふたたび倒閣運動を開始。大正3年（1914）2月6日には両国国技館に1万5000人の人々が詰めかけ内閣打倒を叫ぶようになった。さらに2月10日に帝国議会が開かれると、国会議事堂の周囲を数万人の民衆が取り巻いた。桂内閣の崩壊からちょうど1年後、ふたたび民衆は倒閣行動に出たのである。

1年前は政友会議員はヒーローとして民衆の喝采をあびたが、今回は悪役として罵声をあびせかけられた。たった1年前のことなのに、立場は180度転換してしまったわけだ。

けれども、今度の山本内閣は桂内閣のようにはあっさり引かなかった。議会には山本内閣への弾劾上奏案が出されたが、衆議院では立憲政友会が絶対多数をもっていたのでこれを否決してしまった。さらに議事堂を取り巻いている民衆に対しても、山本内閣は警察に断固たる鎮圧を命じた。そのため警察官は、刀を振りかざして大衆に切り込んでいき、人々を追い散らしたという。

こうしていったんは危機を乗り切ったかに見えた山本内閣だったが、3月24日にはあっけなく総辞職してしまう。

内閣を崩壊に追い込んだのは民衆ではなく**貴族院**だった。

貴族院というのは、華族（閥族も多い）や高額納税者などで構成される議院で保守派の牙城であった。そんな貴族院が、**山本内閣の予算案を否決**したのである。山本自身は閥族だが、大臣のほとんどは政友会党員であるため、山本内閣は政党内閣といっても過言ではなかった。そうした政党内閣が、国民の反発をうけて弱っている。「いまがチャンス」と考えた貴族院は、衆議院を通過した予算案のうち海軍拡張費の大半を削ってしまったのだ。その後両院の協議会で予算案の話し合いが再度なされたが、結局折り合わず、最終的に貴族院は予算案を否決した。いまと違って衆議院に優越権はなく、**貴族院の反対で予算は成立しない**ことになる。そのため、山本内閣は辞職に追い込まれてしまったというわけだ。

第一次護憲運動で政友会は大衆の力を利用して閥族内閣を倒したが、今度は閥族が、大衆の力を利用して政友会が大半を占める山本内閣を倒したわけで、何とも皮肉な結末といえる。いずれにしても、もはや大衆の力は、国の政治を左右するほど強大なものになっていたことがわかるだろう。

大正といま、ココが同じ
内閣支持率の低下は政局を招く

05
政治

国民的政治家が再登場
――第2次大隈重信内閣の成立

大正3年
1914年

第3次桂太郎内閣に続き、第1次山本権兵衛内閣も民衆の力によって倒されてしまった。次は誰を首班として推薦するかというなかで、元老会議では元老の一人・松方正義（薩摩出身）の名が出た。ただ、当然、松方は強く固辞した。そこで元老たちは意外な人物を推薦したのである。貴族院議長であった徳川家達《いえさと》である。家達は、最後の将軍徳川慶喜から徳川宗家の家督を継いだ人物。けれども彼も徳川一族と相談のうえ、元老の推薦を断ってしまった。

次に白羽の矢が立ったのが**清浦奎吾**《きようらけいご》であった。熊本出身の有能な官僚で、山県有朋のもとで警察制度を整備したり、保安条例を制定したりした。第1次桂太郎内閣の法務大臣や内務大臣などもつとめたが、明治39年（1906）に枢密《すうみつ》院顧問官となり、政界から遠ざかっていた。指名を受けた清浦は組閣に入ったものの、海軍大臣候補の加藤友三郎中将が、「山本内閣のときに否決された海軍拡張費（戦艦建造計画の補充費）を出してくれるなら入閣する」という無理な条件を出したため、清浦は嫌気がさして組閣をやめてしまった。

また振り出しに戻ったわけだ。

ここにおいて元老の井上馨が、**大隈重信**の名を挙げたのである。保守的な元老・山県有朋も同意し、共に大隈を説得したという。大隈は立憲改進党を創設して政党内閣制をとなえ、明治中期には**日本初の政党内閣**（隈板《わいはん》内閣）**を組織した生粋の政党人**。ただ、このときはとっくに政界を引退していた。とはいえ、性格が社交的で演説がうまいので、各界の有力者との交流が多く、国民にも絶大な人気があった。

大隈が首相になることがわかると、国民は大いに歓迎した。これはまさに元老たちの狙いどおりだった。大隈内閣の閣僚の多くは閥族だったが、大隈個人の人気が目隠しの役目を果たしてくれたからだ。さらに元老たちは、大隈人気を利用し、議会で絶対多数をにぎる立憲政友会を少数党に転落させてしまおうと考えた。大隈内閣が議会の過半数を制すれば、念願であった陸軍2個師団の増設が実現するからだ。

組閣前、大隈は、非政友会系の政党を与党にしようと試みている。具体的には、立憲同志会と中正会と立憲国民党だ。立憲同志会は、かつて桂太郎が政友会と国民党の攻撃をかわすためにつくった新政党である。中正会は、政友会が山本権兵衛と提携したのに失望した尾崎行雄が、政友会から脱党して新たにつくった政党。ちなみに立憲国民党は、政友会とともに憲政擁護運動を展開した政党で、もともと大隈がつくった立憲改進党の流れをくむ党であり、党首の犬養毅も長年大隈の世話になってきた。しかし、立憲同志会が立憲国民党を脱党した人々を中心として構成されているという複雑な事情もあって、大隈から入閣を打診された犬養はこれを断り、立憲国民党は閣外から内閣に協力することを宣言した。

いっぽうの**尾崎行雄**は**大隈内閣の法務大臣**となり、中正会は完全な与党となってくれた。尾崎も憲政の神様と呼ばれて国民に人気があったから、大隈内閣の支持率はみるみる上昇していった。老獪《ろうかい》なことに閥族閣僚の多くは、いったん立憲同志会に入党してから大臣となり、たくみに国民の批判をかわしたのだった。

こうして誕生した第2次大隈内閣は、大正3年（1914）12月、いきなり議会に陸軍の2個師団増設案を提出した。当時は政友会が議会で絶対多数をにぎっていたので、当然、この増設案は否決された。

すると大隈はただちに**議会の解散を宣言**する。衆議院総選挙で勝てる目算があったのだ。

根拠の一つは内閣の国民人気だが、もう一つ、**第一次世界大戦が勃発**したという事情があった。日本は日英同盟のよしみを理由にドイツに宣戦し、**中国でのドイツの拠点青島を武力制圧**した。世界大戦に参戦したことで、陸軍の増強に反対する国民の雰囲気が薄れたのである。

翌（大正4・1915）年3月、総選挙が実施されたが、結果は大隈が予想したように、政友会が80議席を失う大敗を喫して第2党に転落し、内閣を支持する議員が絶対多数を獲得した。これによって**大隈内閣は安泰**になった。

総選挙での勝因の一つは、巧みな選挙活動だった。**大隈は演説の天才**といえるほど弁舌に優れていた。そこで大隈、ならびに尾崎行雄の**演説をレコードに吹き込んで候補者に配布**し、演説集会のさい蓄音機をつかってそのレコードをかけたのだ。

それだけではない。**大隈は閣僚を引き連れて各地の候補者のところに応援に行った。**現役首相が内閣総出で選挙応援をするのは現在では当たり前の光景だが、じつは大隈が最初に考えついたことだった。さらに大隈は、奇抜な応援運動を展開した。駅に列車が止まる数分の間に、ホームにいる大衆に向かって列車の中から候補者の推薦演説をおこなったのである。こうした様子は、巨大メディアとなった各新聞に写真入りで大々的に報道され、これを見た人びとを喜ばせた。

また、選挙時には早稲田大学の校友会が核になって大隈伯後援会が設立されたが、この組織が演説のうまい者を積極的に各地へ派遣したり、資金を援助したりした。さらに財閥の三菱・三井などからも大隈のもとに、豊富な選挙資金が流れたといわれる。

こうして選挙に大勝した与党は、議会で反対派を押し切って陸軍の2個師団増設案を通過させた。大正元年以来の閥族たちの悲願は、ようやくここに満たされたのである。

さて、選挙に大勝して政権を安定させたはずだった大隈内閣だが、翌大正5年10月、意外にも総辞職してしまう。じつは、国民と元老に見放されてしまったのだ。

総選挙を担当していた内務大臣の**大浦兼武《かねたけ》**が、選挙時に野党の政友会の代議士たちに対し、立候補を断念させたり離党させたりするため、**買収していた事実が発覚**したのである。この大浦事件にくわえ、政府が警察や役人に指示して卑劣な選挙干渉をおこなった事実も表沙汰になった。これにより各新聞社が内閣批判に転じ、これを知った国民も大隈内閣に失望し、急速に支持率が落ちていった。

これを見た元老や閥族は、大隈内閣を支えようとしなかった。すでに政友会を選挙で第2党に転落させ、念願の師団増設も議会を通過したからだ。もともと大隈は閥族批判をかわすために引き出してきた人物で、元来閥族とは正反対に位置する政党人。

そんなわけで内閣支持率が急低下すると、**元老**（閥族）**勢力は貴族院を動かして大隈内閣の予算案通過を妨害**しようとした。当時、議院は衆議院と貴族院の二院制だったが、選挙で選ばれる衆議院議員と異なり、貴族院議員は主に華族の互選で閥族の牙城だった。しかもいまのような衆議院の優越はないので、衆議院で予算案が成立しても、貴族院で否決されたらアウトである。

困惑した大隈は、辞表を提出するという約束を山県ら元老とかわし、どうにか予算案を通過させた。そして大隈はやむなく首相を降板するが、そのさい次期首相をめぐって大隈と山県の間で最後まで意思統一ができなかった。大隈は与党である立憲同志会の加藤高明を、山県は閥族の寺内正毅朝鮮総督を推し、たがいに譲らなかったので決裂してしまったのだ。

慣例として新首相は元老会議によって決定されていたが、あくまで加藤にこだわる大隈は、辞表のなかに「私の後継者として加藤高明を推薦する」と記した。現職の首相が後継者を推薦するのは、前代未聞のことだった。そのため、これに激怒した山県は、元老会議で強引に閥族の寺内正毅を次期首相に決定したといわれている。

だが、国民は閥族内閣を認めなかった。これについては別項で詳しく見ていこう。

コレ、大正に始まりました

選挙の応援演説を考えついた大隈重信

06
事件・災害

明治の終わりを感じさせた乃木希典の殉死

大正元年

1912年

明治大帝は明治45年7月に崩御する。

昭和天皇のご病気が篤くなったとき、社会全体に自粛ムードが漂ったことはよく知られているが、じつは明治時代も、演劇、寄席や映画館の興行が自粛になり、重苦しい雰囲気に包まれ、歓楽街は火が消えたようになった。

天皇は7月29日の夜に崩御されたが、皇位の空白期間を避け、大正天皇の践祚の儀式を執行するために、30日の午前零時43分に亡くなったことにした。

明治天皇の死に日本中が哀悼の意を表し、東京市内の商店は3日間、営業を休止し、自粛ムードはさらに広まっていった。

葬儀場は、広大な敷地であった青山練兵場と決まった。さらに平安時代に「ケガレ」を嫌った貴族が中断した殯《もがり》が復活したのである。殯宮《もがりのみや》は、皇居の正殿に設置された。大喪の礼が挙行される1カ月の間、大正天皇・皇后両陛下、皇太子は毎日殯宮に参拝した。

９月13日に天皇の遺体は皇居を出て、青山練兵場に向かわれたが、その**葬列は２万人に及んだ**といい、**明治天皇を見送る人びとは35万人にのぼった**とされる。

そんな大喪がおこなわれた日の午後８時ごろ、日露戦争で第３軍の司令官として活躍した**乃木希典《まれすけ》が妻・静子とともに自殺**した。

遺書には、明治10年の西南戦争で部隊が軍旗を薩摩軍に奪われた自責の念が記されていた。旗を奪われた当時、希典は明治天皇に「死を賜りたい」と漏らしたようだ。すると天皇は、「そんなことは朕《ちん》が死んでからにせよ」と暗に翻意させた。ただ、その天皇が崩御し、日露戦争で多数の将兵を死なせたことにも責任を感じ、大喪のまさにその日、乃木希典は殉死という道を選んだのだ。

希典は天皇を敬愛すること尋常ではなく、『実伝乃木大将下巻』（碧瑠璃園著／乃木大将景慕修養会編、隆文館）によると、７月19日に容態が悪化したことを知ると、大喪の礼当日までの56日間に130回参内して毎回御座所を拝して１時間ほど平癒や冥福を祈って退出したという。天皇崩御の３日後、自分の屋敷の表札を取り外しているので、このときすでに死を覚悟していたことがわかる。このため9月1日に宮内庁に呼び出され、コンノート殿下（イギリスのヴィクトリア女王の第3王子）の接伴掛《せっぱんがけ》を命じられたとき、希典は困惑した面持ちで「私は先帝陛下のお供をするつもりだから、十分に職責が果たせません」と伝えたが、係官は大喪に供奉するのだろうと勘違いし、「そのくらいなら差し支えはない」と言ったので、希典はお役目を引き受けたという。

希典は大喪当日の朝早く、妻とともに明治天皇の殯宮に別れを告げるといって参内している。そして跪《ひざまず》いてしばらく棺に向かって何かを告げていたが、その後、袱紗《ふくさ》に包んだ一書を侍従に差し出し、「陛下に奉ってほしい」と願い、それが受け入れられると満足した表情で殯宮を後にした。そしてその夜、希典は自ら命を絶ったのである。

『乃木大将事蹟』（塚田清市著）には、自殺した希典の部屋の様子が記してある。

「大将の室は八畳敷二間にして、中間の襖を外しあり。東方の一室に由多加織《ゆたかおり》を敷き其東側の窓下に、窓掛を後にし、白布を以て覆ひたる小机を置き、明治天皇の御真影を奉安し、榊、磁製神酒《みき》瓶一対、御紋章附大銀杯一個を供へ、辞世の和歌三首、夫人並《ならび》に親戚に宛てたる遺言書及明治十年軍旗紛失に就《つい》ての進退伺に対する指令書を置き、机下には重要書類と附箋したる白布包一個あり」、「又西方の室なる暖炉（室の西側）の直上に人物画の軸一幅を掛け、其上欄に保典《やすすけ》の肖像画あり、東側上欄中央に父君、右に母君、左に勝典《かつすけ》の肖像額あり」

このように八畳二間の襖を外し、東の部屋の窓辺の机に天皇のご真影や神酒や和歌、妻や親戚に宛てた遺書などを置き、さらに西の部屋には両親や戦死した息子たちの肖像を置いた。そしてこの場所において腹に軍刀を突き立て、腹部を十文字に割いた後、自ら咽喉を貫いて最期を遂げたのである。

夫人の静子も夫の自刃を見届けた後に自殺したといわれているが、静子の体にはためらい傷があり、衣服も乱れておらず、致命傷は心臓右室を貫いていることから、おそらく最初に自殺を試みたのは静子だったと思われる。希典はうまく死ねない彼女を助けてとどめを刺してやり、その後、妻の衣服をととのえ、自ら切腹したと思われる。

そもそも希典は、妻を道連れにするつもりはなかった。なぜなら自分が死んだ後の妻の後半生について、遺書に認《したた》めているからだ。おそらく静子がどうしても自分も死なせて欲しいと、当日に頼みこんだのだろう。ひょっとすると、夫が切腹する直前、にわかに自分が先に体に刃を突き刺したのかもしれない。

この乃木希典夫妻の殉死が9月14日に新聞で公表されると、世間は騒然となった。さらに**乃木夫妻の辞世の句や遺書が次々と公**になっていった。

国民のほとんどはその行為に感動し、大いに賞讃した。生前、希典と親交があった森鷗外も、希典の死に影響を受け、それからわずか5日後に「興津弥五右衛門《おきつやごえもん》の遺書」という作品を書き終えている。

『**武士道**』を書いた**新渡戸稲造**も立派な武士的最期だと讃えた。哲学者で思想家の**三宅雪嶺**も乃木希典の殉死は「権威ある死」だと褒め、**桐生悠々**のように「殉死などは陋習《ろうしゅう》だ。自殺は封建の遺習である。自ら命を絶つのは愚挙だ」と批判した人はごく少数だった。

9月18日には青山葬儀場で乃木夫妻の葬儀がおこなわれたが、なんと葬列を一目見ようと**沿道には20万人が押しかけ**、電車が大混雑で乗れず、臨時に増車したほどだった。道沿いの屋根や電柱、樹木にのぼる人もおり、沿道は人で大渋滞となり、もみ合いになる鈴なり状態だった。

乃木希典が自殺してから1週間程度で希典を偲《しの》ぶ出版物が続々と出版されていった。大阪毎日新聞によれば、9月21日の段階で6刷、7刷になっている乃木関連の出版物があるという。さらに儲かったのは絵葉書店だったという。**乃木希典の絵葉書セットが爆発的売れ行き**を示したそうだ。

やがて乃木希典は、**軍神として乃木神社に祀られ**、戦前は忠臣のお手本として、「天皇の霊柩がまさに宮城をお出ましになる時刻に、乃木大将と夫人は、その邸で自刃して、明治天皇の御あとをしたひ申しあげました」（『初等科国史』文部省　昭和18年）とあるように、**国定教科書にも登場**するようになった。

いずれにせよ、大喪の日の乃木希典の死は社会に熱狂をもたらしたが、殉死という古風な形をとったこともあり、国民に武士道の名残のあった明治という世の終わりを実感させることになったのは間違いないだろう。

100年でこんなに変わった

武士道の名残の殉死

07

外交

第一次世界大戦のとき、なぜ日本は参戦したのだろうか？

大正3年

1914年

大正3年（1914）6月28日、バルカン半島にあるボスニアのサラエボを訪問したオーストリアの皇位継承者夫妻が、セルビア人に暗殺された。そこで**オーストリア**は翌月、**セルビアに宣戦**する。これが発端となって、セルビアを支援するロシア・イギリス・フランスの**三国協商グループ**と、オーストリアと提携するドイツ・イタリアの**三国同盟グループ**との間で、ついに**戦争が勃発**、ヨーロッパを主戦場とする第一次世界大戦へと発展していったのである。

新興国ドイツは、20世紀に入ると軍事力を増強して次々と植民地を増やしていった。こうした膨張策に対抗し、イギリスなどヨーロッパ諸国も軍備の拡張を始めた。やがてドイツがオーストリア、イタリアと三国同盟を結ぶと、イギリスもロシアとフランスとの間で三国協商を成立させ、両陣営はますます対立を深めた。そんな対立が軍事衝突になるのが、民族のるつぼといえるバルカン半島での紛争ではないかとささやかれていたが、残念ながらその危惧は現実のものになってしまったわけだ。

大戦勃発時、ヨーロッパが主戦場であったこともあり、日本は中立の立場をとっていた。

ところが同年8月7日、**イギリスが日本に第一次世界大戦への参戦を求めてきた。**というのは、中国の膠州湾の青島を拠点にしているドイツの東洋艦隊が、イギリス商船を襲う心配があったのだ。だからドイツ艦隊を日本海軍に撃滅してもらおうと考えたのである。イギリスはあくまで極東水域における限定的な日本の参戦を求めていた。

そこで**大隈重信内閣**は、閣議を開いて日英同盟のよしみをもってドイツに宣戦することを決定した。しかも、戦争が始まってしまえば、**戦域を区切るのは到底不可能だとし、全面的参戦をイギリス側に伝えた**のである。じつは日本政府は、参戦を願ってもないチャンスだととらえていた。

それは元老の**井上馨**の言葉に象徴される。

「今回欧州ノ大禍乱ハ、日本国運ノ発展ニ対スル大正新時代ノ天佑《てんゆう》ニシテ、日本国ハ直《じか》ニ挙国一致ノ団結ヲ以テ、此天佑ヲ享受セザルベカラズ」（井上馨侯伝記編纂会編

『世外井上公伝』内外書籍）

井上馨はこう記した意見書を首相の大隈重信と元老の山県有朋に送り、参戦を促した。天佑とは、天の恵みという意味である。

世界大戦は日本にとって好機だと井上は言う。まず一つは、**挙国一致をはかることができる**というメリット。日清戦争が起こったことで、議会の攻撃で危機に瀕していた伊藤博文内閣は瓦解を免れることができた。井上は参戦すれば、このときのように政党間の争いはなくなり、盛り上がっていた営業税や通行税の撤廃を求める廃税運動も収まるだろうと述べている。また、イギリスだけでなくロシア、フランスを含む4カ国との連携を鞏《きょう》固《こ》にし、東洋における利権を確立すべきだと主張する。

また最近、イギリス人が日英同盟に冷淡だったが、これを機にイギリス人が気持ちを改めるだろうとも語る。このほかさまざまな参戦のメリットを挙げた上で、井上は、

「大正新政ノ発展ハ、此世界的大禍乱ノ時局ニ決シ、欧米強国ト駢行提携シ、**世界的問題ヨリ日本ヲ度外スルコト能《あた》ハザラシムルノ基礎ヲ確立シ**、以テ近年動《やや》モスレバ日本ヲ孤立セシメントスル欧米ノ趨勢ヲ、根底ヨリ一掃セシメザルベカラズ、此千載一

遇ノ大局ニ処シ、区々タル党情又ハ箇的感情ノ為メ適材ヲ適所ニ求メザルガ如キハ断ジテ国家ヲ憂フモノニ非ルナリ」（前掲書）。

このように井上は、日本の参戦がいかに大事かを力説する。

当時、日本は日露戦争以来大変な不景気で、**戦争参加による戦時景気**が不況を吹き飛ばしてくれるかもしれないと期待したようだ。また、ドイツが中国に有していた利権をこの機会に武力でごっそり奪ってしまえる可能性が出てきた。さらに、日本が日露戦争で獲得した南満州の利権を中国へ返還する時期が近づいていたのだが、ヨーロッパ諸国が戦争に没頭している間に中国を脅して期限を延長させることも不可能ではなくなった。

当時の為政者たちは井上馨同様、その多くが参戦することは日本の利益になると確信するようになった。だがイギリスは、日本の積極的な提案に権益拡張の企図を感じ取り、日本への支援要請を取り下げた。これに対して加藤高明外相は、すでに大正天皇の裁可を得たため、もう参戦方針は変えることができないと主張。イギリスの了解を得る前に**ドイツにたいして膠州湾**（ドイツの中国における拠点）**を日本に引き渡せ**

とする最後通牒を突きつけ、ドイツが期限内に答えを出さなかったことで、宣戦布告してすぐさま軍事行動に移り、膠州湾の青島を占領したのである。

同時に日本海軍は、ドイツが植民地としていたマーシャル群島、マリアナ群島、カロリン群島などの南洋群島を軍事制圧した。そのためイギリスは、仕方なく日本の参戦を認めることにした。

100年でココが変わった！

日本の軍事行動

08

外交

漁夫の利、日本が中国に突きつけた二十一カ条の要求とは？

大正4年

1915年

大正4年（1915）1月、大隈内閣の加藤高明外務大臣は、中国の袁世凱政府に対して**二十一カ条の要求**を突きつけた。日本は日清戦争後、清から台湾を割譲させ、列強諸国とともに中国に進出し、日露戦争後は南満州の利権をロシアから譲り受けるなど権益を拡大してきた。そして今回、第一次世界大戦を機に、さらに中国から利益を得ようと数々の要求を突きつけたのである。

要求は、大きく5項目（第1～5号）に分かれている。

第1号はドイツの利権継承に関する4条。第2号は満州や蒙古（現在のモンゴル国およびその周辺）など日本の利権に関する7条。第3号は漢冶萍公司《かんやひょうこんす》に関係する2条。第4号は中国の領土に関する1条。そして第5号はその他もろもろの要求7条。これをあわせると全部で21条になる。

では、号ごとにその主な内容を解説していこう。

第1号は「ドイツが有する**山東省**（膠州湾を含む）の**権益**を、日本が継承することを認めろ」というもの。これにくわえて山東省を他国に譲与・貸与するなとか、山東省の主要都市を開市せよとか、鉄道をつくらせろといった要求が盛り込まれている。

第2号は「**旅順・大連の租借期限**と**南満州鉄道などの期限を99年間延長**しろ。南満州・東部内蒙古での日本人の土地所有権や自由な商工業への従事などを許可しろ」というように、日露戦争で獲得した満蒙地域の利権を延長・強化する要求が書かれている。

第3号は、**漢冶萍公司**についてのこと。漢冶萍公司とは、1908年に設立された中国の民間会社。巨大な製鉄所、鉄山、炭鉱などを運営している。日本はこの会社に多額の借款（資金援助）を与え、その見返りとして同社の大冶《だいや》鉄礦《てっこう》が産出する大量の鉄鉱石を、官営八幡製鉄所に納入させていた。第3号では、この漢冶萍公司を将来的に日中合弁とし、さらに日本の許可なく公司の権利や財産を勝手に処分してはいけないとし、日本の支配権を強化しようとしたのだ。

第4号は、中国沿岸の港湾や島を、他国に譲ったり貸したりするなという、領土保全の要求である。

第5号は、全部で7条あるが、これはその他もろもろの要求を列記したもので、中国に対する要求ではなく希望条項だとされ、ほかの条項よりトーンが落とされている。それもそのはず。あまりにその内容が過激なのだ。いくつか紹介しよう。

「中国政府は、政治・財政・軍事分野で日本人を顧問として招く。必要な地域の中国の警察を日中合同とする。日本に兵器を供給する。日中合弁の武器会社を設立する。日本が指定した地域の鉄道敷設権を譲る。福建省に外国資本を入れるときは、日本と事前に協議する。日本人の布教権を認める」

あきらかに中国全体を日本の保護下に置き、満蒙・山東省・福建省などは植民地にしたいと考えていたことが見て取れる。

当然、**袁世凱政府は強く反発**し、中国国民も憤慨した。

しかし、翌2月から日本政府はこれらの要求を受け入れさせるため、袁世凱政府と本格的に交渉を進めていった。けれど中国側は拒む姿勢を貫いた。すると日本政府は、**中国に駐留している兵力を増強**するなどして圧力をかけたのである。強引な日本のやり方に欧米諸国も反発した。とくに日本政府が第5号の存在を公にしなかったことは、欧米諸国の不信を買った。なかでも**アメリカが強く反対**した。これに対し、東京朝日新聞（大正4年3月22日）などは、アメリカは反対しているのではなく、要求の内容がつまびらかになっていないことから、きちんと説明を求めているだけと述べ、「我が政府にして詳細の事情を打ち明けて説明せんか、米国もこれを了解して安心するに相違なかるべく、本問題はたぶんこれ切りのことなるべしと思わる」（『大正ニュース事典』毎日コミュニケーションズ）と楽観している。

実際、政府（寺内正毅内閣）は大正6年に石井菊次郎を特使としてアメリカへ送り、国務長官ランシングとの間で調整がおこなわれた。これにより、日本はアメリカが求める中国の領土保全と門戸開放要求を受け入れ、アメリカも日本列島に近接する地域の日本の中国権益は認めるという協定を結んで、あいまいな決着をはかった。この取り決めを**石井・ランシング協定**と呼ぶ。

日中交渉は二十数回にわたったが、3カ月近くが過ぎても進展していかない。中国は日本の要求を拒んでいれば、やがて欧米の干渉が起こり、日本が要求を引っ込めると期待していたのだ。

だが、そのもくろみは大きく外れてしまう。ヨーロッパ諸国は、世界大戦の真っ最中でそれどころではなかった。むしろ日本の援助が必要であり、さらに中国が要求を飲めば、日本の中国大陸における他地域への進出が抑えられるとさえ考えていた。このためイギリス・フランス・ロシアなどは、むしろ袁世凱政府に対し「日本と軍事衝突しないよう、妥協してはどうか」と勧めるようになった。

日本国内ではマスコミも国民も日中交渉を大々的に取り上げ、袁世凱政府の引き延ばし政策を非難した。

5月4日、ついに**日中交渉が決裂**する。すると日本政府は袁世凱に最後通牒を突きつけたのである。要求を受け入れないのなら、戦争も辞さないと脅したのだ。すでに前月、陸軍の明石元二郎参謀次長は、武力の必要はないと円満解決の希望を述べつつも、「常に軍の準備はあり、いつでも動員できる」と述べている。さらに5月8日に海軍は第一艦隊と第二艦隊を出動させ、陸軍も満州駐屯2個師団に動員令を発した。

ただし日本政府は、欧米からひんしゅくを買い、中国が拒絶反応を示していた**第5号は、要求条項から削除**した。列強の支援が期待できなくなった上、日本が要求の一部を引っ込めたことで妥協ムードがただよい、5月9日、ついに**袁世凱政府は二十一**

カ条の要求を受諾した。

ただ、これ以前の3月になると、中国では日本の商品を買わない不買運動（**日貨排斥運動**）が上海を中心に広がり、4月になると日本人商店や日本人が襲撃されるなど暴動に発展していった。このように中国の国民は二十一カ条の要求に強い不満を抱いており、中国政府が要求を受諾すると激怒し、「このはずかしめを忘れるな」という意味で、5月9日を国恥記念日と呼び、さらに各地で日本製品をボイコットするなど排日運動が広がっていった。

だが、第一次世界大戦後になると、すさまじい数の戦争犠牲者が出たことから、世界平和の機運が一気に高まる。こうした潮流のもと、太平洋・アジア地域においても、アメリカの主唱によってワシントン会議が開かれ、日本も中国との関係を見直し、その主権を尊重する流れに変わっていく。それについては別項で詳しく見ていこう。

100年たっても未解決!?

日中に横たわる溝

09
外交

黄禍論に翻弄される日本人移民

大正2年
1913年

19世紀後半から黄色人種が台頭して白人に災いをもたらすだろうという脅威論がおこった。いわゆる**黄禍論**である。当初は、世界各地に移住する中国人に対する警戒感から始まったが、やがて日清戦争で勝利した日本に対し、ドイツのヴィルヘルム2世が反感をおぼえ、これを抑えるべきだと主張したことから白人社会に黄禍論が広まっていった。

これで被害を被ったのは、日本人移民であった。

現在では考えられないが、**明治の日本は過剰な人口を抱えて**おり、政府は世界各地に移民を送り出す政策をとっていた。明治元年（1868）に最初の移民がハワイへ渡航したが、明治14年にハワイのカラカウア王が来日して、明治政府に「勤勉な日本人を移民として受け入れたい」と要望したことがきっかけで、明治18年から9年間にわたり**約3万人がサトウキビ農園の契約労働者として渡海**。その後も20万人がハワイへ渡った。さらに明治31年にハワイがアメリカに併合されると、賃金のよい本土へ渡るハワイ日系移民が急増、カリフォルニア州（とくにサンフランシスコやロサンゼルス）に大量に流入した。

そんななかで、日米間で移民問題が大きくクローズアップされたのが、明治39年（1906）のサンフランシスコ大地震だった。4月に多くの校舎が倒壊し教室が不足すると、これを理由にサンフランシスコ市学務局は、公立校に通学していた**日本人移民の子を**11月から**東洋人**（中国人中心）**学校へ転学させる政策を強行**したのだ。これを知った日本政府は強く抗議し、翌年、この措置は撤廃されるが、白人にとって日本人移民はそれほど忌避《きひ》されていたのである。最大の理由は、日本人が低賃金で長時間労働を喜んで引き受けたので、職を失う心配が高じたことだった。しかも日本人移民は出稼ぎ意識が強く、大金を儲けたら故郷に錦を飾ろうと考えている者が多かった。金銭も貯まれば故国に送金してしまい、アメリカ経済に寄与することも少なかった。

他方、定住を決意した者は、祖国日本から花嫁を呼び寄せ、たくさん子供をつくった。この出生率の高さも白人を畏怖させる要因となった。さらに、日本人移民は平気で立ち小便をしたり、下着姿で歩いたり、生魚を食べたりするなど、慣習の違いも白人の嫌悪感を誘った。

こうしたことが日本人移民排斥運動の要因だったが、その後、**日露戦争をめぐる日米間の摩擦**も排斥運動に拍車をかけた。日本はアメリカ国民に莫大な戦時国債(外債)を買ってもらったが、それは、戦後にロシアから獲得するであろう満州の利権について、日本がアメリカとの共同統治をちらつかせたことが大きかった。実際、鉄道王と呼ばれたエドワード・ハリマン（アメリカ人）が来日し、**日本政府に南満州鉄道の共同管理を提案**すると、政府はこれを了承し、明治39年10月、桂太郎首相とハリマンとの間で日米共同経営の組織を創設するための予備協定の覚書が取り交わされた。

ところが、ポーツマス（日露講和）条約を成立させて帰国した全権の小村寿太郎が、南満州鉄道の共同統治に猛反対。軍もこれを支持したことから、急遽この案は12月に**日本側の通告で白紙撤回**された。この裏切りにアメリカ国民の対日感情はさらに悪化したのだ。

アメリカ政府は、清国に資金援助して満州鉄道を日本から買い戻させ、それを列国間で共同統治しようと画策し、各国にもそれを働きかけた。いわゆる満州鉄道中立化案である。列国の力で日本の満州進出を阻止しようとしたのだ。しかし日本はこれを拒み、明治43年に第二次日露協約を結び、日露両国の中国における権益が侵害された場合、共同防衛をおこなう確約をとりつけた。こうしてアメリカは満州から閉め出されることになった。

なお、サンフランシスコでの日本人学童排斥問題については、穏便な解決がはかられた。日米の政府間で外交交渉がおこなわれ、日本側が提案する**日米紳士協約**が明治40年に非公式に締結されたのである。その内容だが、簡単に言えば、「日本政府はアメリカで働こうとする者にパスポートを発行せず、移民を送り出さない。対してアメリカも、日本からの移民を制限しない。すでに移民している日本人を差別せず、彼らが結婚することや両親を呼び寄せることを拒否しない」といった取り決めであった。

ただ、その後もカリフォルニア州では住人の日本人移民に対する悪感情は払拭されず、ついに大正2年（1913）、カリフォルニア州で**市民権を獲得できないアジア**

系移民の土地所有を禁ずる法律が州議会の上院下院で可決されてしまう。正式名称は、**カリフォルニア州外国人土地法**というが、事実上、急増した日本人移民がターゲットになっており、俗に**排日土地法**と呼ぶ。この法律が発効すれば、正当な手続きで土地を獲得した日本人移民は、自分の耕地や土地を奪われることになるわけだ。

完全な人種差別ゆえ、日本政府はこの法案がカリフォルニア州の上下院を通過しないよう、アメリカ連邦政府に強く要請した。このためウィルソン大統領も、ブライアン国務長官をカリフォルニア州のサクラメントへ派遣し、議員やジョンソン州知事の説得に努めた。

この排日土地法案については、日本国内でも盛んに報道された。時事新報（大正2年5月5日付）は、「ブライアン氏の斡旋《あっせん》もその功を奏せず、背理非法なる排日法案はいよいよ加州議会に於いて成立するものと認めざるを得ず。米国内の正論及び日本の国論に耳を貸さずして、飽くまでその非を遂げ通したる加州議会及び知事ジョンソン氏の今度の行動は、何十年来一種特別の交誼を持続したる日米両国民の友情に、拭うべからざる汚点を印せしむるものと云うべし」と非難した。

だが結局、法案は可決され、さらに知事も署名してしまったのである。

ちょうど2年前の明治44年（1911）に日米通商航海条約が調印され、日本は関税自主権を回復し、以後、続々と列国と対等条約を結んでいった。国民も政府もこれで完全に欧米列強と対等な立場に立てたと信じていた。そんなとき排日土地法案が可決されてしまったことで、日本国民は大いに威信を傷つけられ、それが後に述べるパリ講和会議における日本全権団の人種差別撤廃運動へとつながっていくのである。

100年経っても未解決!?

受け入れ側にとっても移民問題はむずかしい

10
外交

否決された日本の人種差別撤廃宣言

大正8年
1919年

大正3年（1914）に始まった第一次世界大戦は、ようやく大正7年（1918）11月に終結を迎え、翌年、パリで戦争の**講和会議**が開かれた。日本もこの会議に五大連合国の一員として参加した。

日本の首席全権は西園寺公望、副全権は牧野伸顕《のぶあき》、このほか珍田捨巳《ちんだすてみ》、松井慶四郎、伊集院彦吉が全権団に加わった。戦勝国として日本は、ドイツから奪った山東半島と南洋群島における利権を獲得しようと考えていた。くわえてもう一つ、新しく誕生する予定になっている**国際連盟の条文**に、**人種差別撤廃条項を入れる**つもりだった。

この案が浮かび上がったのは、休戦前の大正7年1月、アメリカのウィルソン大統領が大戦後に守られるべき原則として「秘密外交の廃止、軍備縮小、植民地の公正な処置、海洋の自由、経済障壁の撤去、国際平和組織の創設」など十四カ条の平和原則をとなえたからであった。

前項でカリフォルニア州における排日土地法の成立を述べたが、日本人移民についてはアメリカだけでなく、**カナダやオーストラリアでも反感が高まり、**移民の規制が強化されつつあった。こうした状況を国際連盟が成立するのを機に好転させようと企図したのだ。また、国際連盟の誕生にあたって、有色人種国家である日本が白人中心の欧米に比べて不利にあつかわれるのではないかという危惧もあった。

このため日本全権の牧野伸顕と珍田捨巳が中心になって、アメリカのランシング国務長官や大統領側近のハウス大佐とパリで予備交渉をおこなったが、アメリカ側は人種差別撤廃条項を入れることに理解を示し、ウィルソン大統領も好意的であることが判明した。

そこで日本全権はアメリカと協議のうえ、国際連盟の規約に「連盟参加国は、在留外国人に対して、なるべく速やかに国民と均等な待遇や権利を与え、人種や国籍によって差別を設けないことを約す」といった内容を盛り込むことの内諾を得た。そして次にはイギリスと交渉をおこなったが、イギリスの全権や国際連盟委員会の委員からは、日本の立場は理解できるが**国際連盟の規約に人種の平等という内容を入れるのは適切ではない**と言われてしまう。じつは、カナダやオーストラリアなど植民地やイギリス連邦を構成する国から反対を受けていたのだ。
いずれにせよ、日本は国際連盟委員会で、連盟規約の第21条に人種差別撤廃の条項を入れる修正案を提出した。しかし委員会では賛成、反対、保留など意見がまとまらず、結局、第21条自体を削除することになってしまった。

こうした動きを知った日本国内でも、政友会や憲政党の議員など諸団体有志が300名近く集まり、人種差別撤廃期成同盟会を結成。同会は大正8年2月に日本全権団や講和会議の議長であるクレマンソー（フランスの首相）に、人種差別による待遇の不平等を撤廃することを求める宣言文や決議文を打電した。

日本政府も全権団に対し、引き続き各国との交渉の継続を求めたため、全権たちは**最も強く反対しているオーストラリア**の**ヒューズ**首相に面会を求めた。
当時、オーストラリアでは**白豪主義**をとっていた。白豪主義とは、白人を優先し、有色人種を排除する方針だ。アジアから多数の移民を入れたことで、白人たちから「賃金が低下したり雇用を奪われる」という反発が起こったのである。ゆえにヒューズとしても、国際連盟規約に自国における外国人（移民）の対等な扱いを盛り込むことなど、できるはずもなかった。

ヒューズは一度だけ牧野、珍田と話し合うが、以後はいくら会見を求めても、理由をつけて会おうとはせず、逆に他国に働きかけ日本の案を潰そうと動いた。これにカナダやニュージーランドなども同調、宗主国のイギリスも人種平等案に反対するしかなくなった。それでも牧野らは粘り強く交渉をおこない、同年4月の国際連盟最終委員会において、日本全権の牧野は連盟規約の前文に「各国ノ平等及ビ其ノ国民ニ対スル公正待遇ノ原則ヲ是認シ」との文言を盛り込むよう修正案を提示、見事な演説をおこなった。

イギリスの国際連盟委員のセシルはこれに強く反対したが、なんとイタリアのオルランド首相が賛成、さらにフランスも賛成した。そこで牧野はアメリカのウィルソン大統領に、多数決をとるよう要求。結果、会議出席者16名中、11名が賛成したのである。しかしながらウィルソンは、全員一致でなかったことを挙げ、「日本の修正案は成立しない」と宣言した。牧野は「これまでも多数決で決めたことがあった」と食い下がったが、**最終的に前文への挿入を断念、議事録に日本の提案と多数決の数を記録することを認めさせるにとどまった。**

この結論を受け、列国は「日本が会議から離脱するのでは」と心配した。日本国内でも国際連盟に加入すべきではないという声が高まったが、すでに日本政府は人種差別撤廃条項の挿入は諦めており、むしろこれを利用して、山東半島と南洋群島の利権を確実に手に入れようと考え、実際、これに成功したのだった。

時事新報（大正8年4月20日付）は、「日本委員は人種問題に関し、ここ一箇月に亘《わた》りて熱心なる奮闘を試みたるも、今や無効に帰したり。国際連盟委員会は、日本の提議に係る人種平等の主義を採用せざりき」と記し、それがオーストラリアの猛反対によるものだとしたうえで、「我が委員連が出来得る限りの努力をなしたるは感謝する所なり」と日本の全権委員たちの奮闘を讃えた。そして今後、「日本は更にいっそう勇敢にしかも忍耐を以って、来たるべき困難に対し奮闘をなすの覚悟なかるべからず。しかしてその奮闘たるやすこぶる惨憺たるものなりといえども、しかも国民の崇高なる理想と勢力のために、正義、公道並びに平等の武器を以ってする平和的の闘争なり」（『大正ニュース事典』毎日コミュニケーションズ）と締めくくっている。

今回、牧野伸顕ら日本全権の提案は画期的なものであり、とくに有色人種の国々から反響があった。その一方で、日本はドイツから山東半島の利権を継承するなど中国の主権を侵害しており、民族自決をとなえた朝鮮の独立運動（三・一運動）を徹底的に押さえ込んでいる。こうした矛盾を抱えていたことも知っておきたい。

100年経っても未解決!?
──人種差別のない世界

11
外交

排日移民法の成立

大正13年

1924年

カリフォルニア州では、排日土地法が成立したことで、地主になっていた日本人移民は、せっかく手に入れた土地を奪われることになった。なんとも不条理な法律だが、移民たちは耐えるしかなかった。

ただ、状況は更に悪化していく。大正13年（１９２４）、アメリカ合衆国は新移民法を制定する。これは、**日本人移民の完全禁止を意図した法律**で、日本では**排日移民法**と呼んだ。前年の12月、下院議員アルバート・ジョンソンが、「再渡航者や布教者、学者とその妻子、学生を除き、帰化不可能な外国人は移民として入国させるべきではない」と移民制限案を議会に提出した。当時のクーリッジ大統領は日本との関係悪化を嫌い、日本政府との話し合いの時間として半年の猶予を求めたが、下院はこれを否決した。

同時期に上院でもロッジ議員が同じ内容の法案を提出した。ただ、上院は当初、排日移民法には消極的で、大統領の提案に賛成していた。大統領の意向をうけたヒューズ国務長官も議員たちに盛んに働きかけをおこなった。このため日本国内では、「こんな過激な法案は下院を通過しても、さすがに上院は通過しないだろう」と楽観的に見ていた。

ところが埴原正直《はにわらまさなお》駐米大使が翌大正13年4月、ヒューズ国務長官に「もしこの法案が成立したら、日米間に重大な結果をもたらすだろう」と記した書簡を送ったことが公表されると、法案賛成派が巧みにこれを利用して反日感情をあおったため、上院議員たちの態度が硬化、結局、法案は両院で可決されてしまった。

これを知ると、日本社会は大きな衝撃を受けた。

ただちに日本の新聞各社は、次のような共同宣言をおこなった。

「今回アメリカ合衆国の上下両院を通過した排日案の不正、不義なる次第は極めて明白である。かかる法案が平和の主唱者、正義の闘将を以って自ら任ずる米国国民多数の意思に出たものとは、われ等の信ぜんとするもあたわざる所である。(略)いまや米国言論界の大勢は国会の措置を難じ、国民の多数も平和と正義との信念により排日案の不義を打破するに努めている。もし該法案にしていよいよ成立せんか、われわれはこれを米国民の確定意思と認めるの外なく、その結果、両国民の間に存せる伝統的友好が深大なる創痍を受くるは勿論、両国民の協調によって各自並びに諸国民の幸福に寄与することあるべきいっさいの光輝ある事業に一大障碍《しょうがい》を来《き》たさんことを惧《おそ》る。われ等はこの重大なる法案に対する米国民の正義の戦いが、いかなる効果を奏するかを熱心に注視せんとするものである」（『大正ニュース事典』毎日コミュニケーションズ）

このように、アメリカ国民がこの法案に反対の声を上げ、世論によって成立が阻まれることを期待したのだった。

さらに国内では、経済団体や女性団体、在郷軍人会などの民間諸団体が抗議活動や非難決議を発した。また、こうした運動に触発されたのか、同年5月、自殺者まで出てしまった。東京日日新聞の報道によると、井上勝純海軍大佐の庭の植え込みで血まみれの男が死んでおり、医師が検死をしたところ、その男は剃刀で右頸部を斬り、さらに腹部を横一文字に切り裂き、大腸が飛び出していたという。40歳前後の紳士に見え、懐には表町警察署宛、アメリカ国民宛、日本国民宛の三通の遺書が発見されたが、どれも排日移民法の可決に憤慨する内容であった。どうやら隣接するアメリカ大使館の庭で自殺するはずだったが、間違えて井上邸で自死を遂げたらしい。ついに身元はわからないままだった。

さらに翌月にも立て続けに2名の自殺者が出た。同月には、対米国民大会が両国国技館で開かれ、各政党や院外団体、青年団や労働者団体などが集まり、来会者は3万人に及んだ。大会では排日移民法に断固反対することが決議され、天皇陛下万歳を三唱した後、演説会がおこなわれた。

だが7月1日、**クーリッジ大統領**は、不本意ながら拒否権を発動せずに、**排日移民法案に署名**を与えたのだった。するとこの夜中、関東大震災で焼失したアメリカ大使館跡に掲げられていたアメリカ国旗が奪われた。まもなく犯人は、21歳の岡田理平だと判明した。岡田は赤化防止団（過激な国家主義団体）の団員だった。東京赤坂区溜池町（当時）にある団の事務所で数名の団員たちと対米運動について話しているとき、同志の中村諦亮が「アメリカ大使館の焼け跡に侵入し、国旗を奪い去り、対米大会でこれを引き裂いたら、さぞかし爽快だろうな」と話した。他の仲間たちは非難したが、これを聞いた岡田が実行してしまったのだ。旗を奪って土塀を乗り越えたとき警察官に見つかり逃亡、団事務所の近くの食堂に潜伏して旗を隠し、先の中村などから旅費をもらって列車で大阪へたどり着いたが、あっけなく警察に捕まってしまった。こうしてアメリカ国旗は無事にアメリカ大使館に引き渡されたのである。

この頃から各地で反米国民大会が開かれるようになり、アメリカの横暴を激しく非難し、アジアの結束を説いて対米戦争を主張する者も出始めた。

このように日本社会で対米感情が一気に悪化するなか、実業界の重鎮、**渋沢栄一**はまったく異なる見解を示した。彼は日露戦争後に日米関係が悪化すると、政府の要請を受け、アメリカの経営者たちと親睦を深め、たびたびアメリカへ赴いては民間外交で両国の関係改善をはかっていた。大正4年にアメリカで万国博覧会が開かれたさいも、アメリカへ渡り、移民問題を始め日米間の諸問題について話し合う日米関係委員会を設けている。大正6年には日米協会を創立、大正10年には移民問題を解決するためにまたも渡米し、ハーディング大統領と会談、帰国後、日本政府に対して日米委員会を設けて移民問題を根本的に解決すべきだと提案した。だが、それは実現せず、排日移民法が成立してしまったのである。

これについて渋沢は、「日本人は徒《いたず》らに感情に駆られて盲動する様な言動を慎み、米国民の正義人道の良心に訴へて円満なる解決を見る様に努力する必要がある。暴に酬《むく》ゆるに暴を以てするが如き態度に出づるに於いては、一層両国民の感情が阻隔し、将来に於ける解決を却って困難ならしむるに到るであらう」（小貫修一郎筆記『渋沢栄一自叙伝』渋沢翁頌徳会）と冷静な態度をとるべきだと述べた。さらに「私は平和主義者であって、従って武力によってまで此の問題を解決しなければならぬと思はない。（略）此の問題を円満に解決するには、どうしても国民と国民との真の諒解、真の融合、真の握手が必要である」（前掲書）と日米両国民の相互理解によるべきだと主張した。

しかし残念ながらその後も日米関係は悪化の一途をたどり、昭和16年（1941）の真珠湾攻撃によって日本人移民排斥運動は頂点に達した。

FBIは真珠湾攻撃から数日間で1291人の日本人移民と日系人を、アメリカの安全に危険を及ぼすとして逮捕したうえ、刑務所に放り込んだ。逮捕されたのは、新聞編集者、教師、宗教者、諸団体幹部などの日系人社会のリーダー的人物だった。

ジョン・ランキン下院議員は、「アメリカにいるすべての日本人を捕まえて、強制収容所へぶち込んでしまえ」と発言。デヴィト西部防衛司令官は、「日本人種は敵性人種である」と明言した。こうした論調を各新聞があおり立てたので世論も悪化し、昭和17年2月19日、ルーズベルト大統領は、大統領行政命令9066号に署名した。

陸軍省に特定地域を指定させ、その地域内の住人を強制的に退去させることができる権限を与えたのである。これにより**日本人移民と日系人は強制収容所に連行**されていった。対象はすべての日本人・日系人で、驚くことにその数は12万人にのぼった。

日本人といっても、そのほとんどが移民してから数十年が経過していた。また、収容対象となった七割がアメリカ生まれでアメリカ国籍をもつ日系人であった。混血が進んで目の青い日系人もたくさんいた。信じがたいことに、**強制収容所送りを免れるのは日本人の血が32分の1以下の者**とされた。

わずかでも日本人の血が流れていれば、その人は敵性外国人と見なされ、強制収容所へぶち込まれたのである。収容所へ入るため、日本人移民・日系人は財産を手放さねばならなかった。収容所へは手に持てる荷物しか持ち込むことが許されなかったからだ。しかも退去命令が出てからの時間的猶予はたったの1週間程度。そのために家財は適正価格の10%程度で売り渡すしかなかった。彼らが被った損害は380億ドルにのぼると推定される。

強制収容所は砂漠や寒冷地の広大な敷地に有刺鉄線を張り巡らし、粗末なバラック小屋が建ち並ぶだけの場所だった。常に監視の兵士がおり、逃げようとすれば容赦なく射殺された。アメリカ政府は、国防上の理由から日本人移民・日系人を隔離したのだと主張するが、第二次世界大戦で交戦していた**ドイツ人とイタリア人は、強制収容所に隔離されなかった**。つまりこれは、不当な偏見にもとづいた人種差別政策といえよう。

大戦後の昭和23年、トルーマン大統領は日本人移民・日系人が強制収容所に入ることで被った損害を賠償する目的で「日系人戦時立ち退き損害賠償法案」に署名した。ただ、その内容は不十分なもので、とても日本人移民・日系人が被った損害を補償することはできなかった。そこで昭和55年、カーター大統領は「アメリカ市民の戦時移住及び強制収容に関する委員会」を設置し、同委員会によって、大戦中に日本人移民・日系人が被った不当な扱いや被害の調査を開始した。翌年から10回におよぶ公聴会が開かれ、750人以上の証人が出席して証言をおこなった。同委員会は、昭和58年6月に調査報告書を政府に提出、収容所に隔離された存命中の日系人6万人に対し、1人につき2万ドルの損害賠償をおこない、アメリカ政府も国家として正式に彼らに謝罪すべきことを議会へ勧告した。

昭和63年（1988年）、**ロナルド・レーガン**大統領は、「**日系アメリカ人補償法**（正式名称は市民の自由法）」に**署名**。これによりアメリカ政府は、戦中の強制収容という行為が基本的人権の侵害であり、大きな過ちであったことを正式に認め、謝罪したのである。

100年でココが変わった!

排日移民法の間違いが認められた

12
社会運動

政党内閣を支えた二つの思想
——民本主義と天皇機関説

大正5年

1916年

大正時代には、本格的政党内閣が登場し、普通選挙制度が成立した。こうした民主義的改革を後押しした政治思想が**民本主義**である。この学説は、東京帝国大学教授の**吉野作造が主張**したものである。大正5年（1916）に、吉野が『中央公論』に発表した「憲政の本義を説いて其有終の美を済《な》すの途《みち》を論ず」という論文から民本主義を紹介していこう。

「民本主義といふ文字は、日本語としては極めて新らしい用例である。従来は民主々義といふ語を以て普通に唱へられて居ったやうだ。時としては又民衆主義とか、平民主義とか呼ばれたこともある。然《しか》し民主々義といへば、社会民主党などゝいふ場合に於けるが如く、『国家の主権は人民にあり』といふ危険なる学説と混同され易い。又平民主義といへば、平民と貴族とを対立せしめ、貴族を敵にして平民に味方するの意味に誤解せらるゝの恐れがある。独《ひと》り民衆主義の文字丈《だ》けは、以上の如き欠点はないけれども、民衆を『重んずる』といふ意味があらはれない嫌《きらい》がある。我々が視て以て憲政の根柢《こんてい》と為すところのものは、政治上一般民衆を重んじ、其間に貴賤上下の別を立てず、而《しか》かも国体の君主制たると共和制たるとを問はず、普《あまね》く通用する所の主義たるが故に、民本主義といふ比較的新しい用語が一番適当であるかと思ふ。」

とくに現代語訳がなくてもわかると思う。

民本主義を唱えた吉野作造

ようするに民本主義というのは、**民主主義**（デモクラシー）のことだと考えていいだろう。ただ、あえて吉野が民主主義と言わなかったのは、天皇制（国体）に配慮したからであった。

大正7年、吉野は福田徳三、新渡戸稲造、大山郁夫ら知識人たちと黎明会《れいめいかい》を創設し、民本主義（デモクラシー思想）の啓蒙運動をすすめた。

また、吉野の影響を受けた東京帝国大学生たちも東大新人会という思想運動団体をつくって活動をはじめ、**浅沼稲次郎**ら早稲田大学学生らによる建設者同盟も大正8年に成立した。

さて、もう一つ、政党政治を支えた理論がある。それが**天皇機関説**だ。

これをとなえた**美濃部達吉**も、東京帝国大学教授で憲法学者。戦後、東京都知事を長くつとめた美濃部亮吉の実父にあたる。『憲法講話』や『憲法撮要』を記し、**大日本帝国憲法の解釈に関して天皇機関説をとなえ**、当時の知識人たちに多大な影響を与えた。

天皇機関説は、**国家法人説**ともいう。「国家は法人（人間以外のもので、人格をもつと考えて法律の上で権利や義務が与えられた団体）であり、主権（統治権）は国家が持っていて、天皇は国家の最高機関として、憲法に従って国家に属する統治権を総《そう》攬《らん》（政治を一手におさめる）する」という考え方である。

もう少し補足すると、「国家を同じ目的をもつ多数の人間の集合体と考えるということ。すなわち、天皇も議員も一般国民も、共同の目的で結合している組織なのだから、国家の最高機関である天皇は、自分自身のためにではなく、組織全体の目的のために政治をおこなうべきだ」という論理である。

このように美濃部は、天皇が国民の権利を抑えて絶対服従を要求するような専制政治を展開することに反対し、憲法をより民主的に解釈して、政党内閣制を積極的に容認すべきだとする発言を繰り返した。

大正時代初期、この天皇機関説に真っ向から反対して**天皇主権説**（あくまで主権は天皇自身にあるとする説）をとなえたのが**上杉慎吉**であった。美濃部は上杉との間で激しい論争を展開した。ただ、結果的には天皇機関説が学会の主流になっていき、政党内閣制の理論的根拠となり、大正末期から昭和初期にかけての、政党政治の実現に大きく寄与した。

昭和初期に浜口雄幸内閣がロンドン軍縮条約に調印したとき、軍部や保守派から**統帥権干犯**《かんぱん》だと大変な反発を受けたが、これをはねのける内閣の最大の武器にもなった。

ところが軍国主義が台頭してくると、民主的な天皇機関説は迫害の対象となり、美濃部の著書は発禁（発売禁止）処分となり、美濃部自身もその言論を封殺されたうえ、貴族院議員を辞職せざるをえなくなった。

いずれにしても、吉野作造の民本主義と美濃部達吉の憲法機関説は、大正時代の民主主義的風潮を後押ししたのである。

コレ、大正に始まりました——本格的な民主主義

13
技術革新

東京駅の誕生

大正3年

1914年

東京駅が大正時代に生まれたことは、意外に知られていない。

明治5年（1872）に新橋―横浜間で初めての鉄道が開通し、明治18年には民間初の日本鉄道会社が発足、明治22年には東海道線が神戸まで全通した。

以後、急速に鉄道網が発達したことで、明治29年の帝国議会で**中央停車場**をつくることが決まった。ただ、明治37年の日露戦争で膨大な金を使ってしまったこともあり、計画は遅々として進まず、ようやく明治41年から工事に着手し、6年後の大正3年（1914）12月20日にやっと開業となった。総費用は当初予定の約7倍の287万円、工事従事者の総数は70万人にのぼったというからスゴいものだ。

中央停車場の命名に関してはさまざまな意見が出されたが、結局、最もわかりやすい**東京駅**と命名された。場所は、現在の**東京都千代田区丸の内1丁目**。

東京駅開業直後の賑わい。駅前には第一次世界大戦の戦勝凱旋門も作られた

かつてこのあたりには、江戸城に近いこともあって大名の上屋敷が林立していたが、明治天皇が江戸城に入って皇居にかわると、大名屋敷は政府関係の施設として利用されたり、政府の高官が住むようになり、まもなく司法省や農商務省の施設や、陸軍省の兵舎や練兵場になった。

　しかし明治20年代、当時の東京市は丸の内界隈を市街地として整備することにし、陸軍関係の兵舎や練兵場は他所へ移動させることに決めた。そこで政府は、新たに巨費（150万円）をかけて近代的な軍施設を麻布につくるべく、**丸の内界隈の土地を民間企業に売却**することにした。こうして明治22年10月、広大な空き地（13万5千坪）を競売にかけたが、応募する企業はなく、**松方正義蔵相が三菱合資会社の社長・岩崎弥之助に打診**して買い取ってもらったのである。

明治23年3月に売買契約が成立したが、三菱が購入した土地は道路や東京市の用地を除く丸の内8万1千坪、三崎町2万3千700坪など、あわせて10万7千坪。購入価格は128万円で、これは東京市の予算の3倍に相当した。三菱社は8回に分けて金を払い込み、翌年の3月までに完済している。

社長の弥之助は、ここに**日本初のビジネス街を建設**しようともくろんだ。ニューヨークに留学した経験をもつ弥之助はビジネス街を知っており、重役の荘田平五郎と末延道成もロンドンのビジネス街をその目で見ていた。

明治25年1月から巨大な洋館（三菱1号館）の建設が始まり、明治27年6月に地上3階・地下1階のイギリス風の建造物が竣工した。設計したのは日比谷に鹿鳴館を設計したイギリス人の**コンドル**で、建設工事を統括したのはコンドルの弟子で三菱の社員・曾禰達蔵だった。三菱1号館には**三菱合資会社の本社事務所**がおかれ、第百十九国立銀行、高田商会なども事務所をおいた。

この年、**東京府庁舎も丸の内に建造**された。翌年には三菱の第2号館（石造り2階建地下1階のビル）が竣工。ビルには**明治生命保険会社**、**東京海上火災保険会社**など三菱の関連会社が入居。翌29年には第3号館が竣工したが、この建物にはイギリス製の**エレベーターが据え付け**られた。民間では日本初だった。

明治38年に第7号館までが完成し、同32年には馬場先門近くに東京商業会議所の建物も建った。皇居に近い丸の内は、衛生や防火の観点、また美観からすべてを洋風建築に統一、一般人には貸借させずに会社に限定した。明治44年までには馬場先通り沿いに第13号館までずらりと洋館が並んだ。このため人々は、**馬場先門通りを一丁ロンドン**と呼ぶようになった。皇居のすぐそばに、ロンドンの町並みが現出したのである。

こうして大正時代になると、丸の内界隈は、政府の役人に加え、俸給生活者（サラリーマン）や職業婦人が闊歩する街になっていた。

このような皇居とビジネス街の近くに、ようやく首都の中央停車場である東京駅が誕生したのである。駅の敷地面積は約18万2千㎡。駅舎は、ルネッサンス様式の赤煉瓦3階建てで、左右に八角形の高塔（ドーム）がそびえる全長350㍍以上の長さを持つ巨大な建物になった。

設計は、**辰野金吾**と**葛西萬司**が担当した。辰野はやはりコンドルに学び、日本銀行や旧国技館（現存しない）などを手がけた。赤坂離宮を設計した片山東熊と並んで日本で最も著名な建築家で、のちに「**日本近代建築の父**」と呼ばれた。葛西萬司は、辰野と共同で設計事務所を経営しており、盛岡銀行の本店を設計している。

じつは当初、駅の設計を請け負ったのは辰野と葛西ではなく、ドイツの御雇外国人フランツ・バルツァーであった。だが、彼の設計はレンガづくりではあったものの、屋根は入母屋《いりもや》づくり、正面が唐破風《からはふ》など純和風のものになっていた。当時は西洋スタイルが大人気で、バルツァーの構想は不採用となり、辰野と葛西に依頼が回ってきたのだ。

建物の1階は本来の駅として機能したが、2階はホテル、3階は事務所になった。東京駅は皇居と相対する位置に建ち、天皇の駅、皇室の玄関と位置づけられた。実際、1階中央の部分には皇族専用の休息所が2室設けられた。部屋の天井は檜ベニア板。画家の黒田清輝や和田英作の手になる山海にちなむ様々な人びとの姿が描かれた。窓掛けと壁は西陣織を張り、床は寄せ木細工とした。床のうえには段通が敷き詰められた。壁の模様が竹の部屋は男性皇族、梅の部屋は女性皇族が使用した。天皇の部屋は、皇族の部屋と廊下を隔て独立した建物になっていた。

東京駅はやがて中央ターミナル駅として機能するようになっていったが、駅誕生の9年後、関東大震災に見舞われてしまう。この大地震で丸の内ビジネス街は、東京會舘が半壊したり、建築中のビルが次々と倒壊するなど、大きな被害を受けた。さらに、丸の内にあった警視庁は全焼してしまい、水道管などのインフラにも甚大な損傷が出た。ところが東京駅の駅舎はほとんど無傷だったので、大いに称賛された。ただ、残念ながら太平洋戦争中に二度の空襲に見舞われて大火災が発生し、レンガやコンクリート部分は残ったが、屋根は崩落し内装も焼けてしまった。

戦後、とりあえず復元に着手したが、安全を考慮して2階建てに変更、屋根の形も同じく安全のために大幅に変えてしまった。しかし、平成に入って復元工事が始まり、

５年の月日を費やし、２０１２年に往年の勇姿を取り戻したのである。

コレ、大正に始まりました
――東京駅と丸の内ビジネス街

14
技術革新

東京大正博覧会で話題になったもの

大正3年

1914年

大正3年（1914）3月20日、当時の**東京府が主催**となり、上野公園などを会場にして大規模な「東京大正博覧会」が開催された。

その主旨だが、大正天皇の即位式を紀念するとともに国家の殖産興業の発展をはかり、久しく**沈滞していた景気を好転**させようという狙いがあった。東京府が主催だったので、会長は宗像政《ただす》東京府知事が就任した。また総裁には閑院宮載仁《ことひと》親王を奉戴した。

会期は3月20日から7月31日。時間は朝8時より午後5時まで。入場料は平日15銭（子供と軍人は5銭）、日曜祝日は20銭だった。ユニークなのは入場券に福引券が添付され、当選すると物品購入券や割引券がもらえたことだ。しかも、一等賞はなんと100円の物品購買券だった。

ただ、芝居を観戦できる演芸館や私設のパビリオンに入るときには、それぞれ別途、

5銭～20銭程度の入場料を払う必要があった。ちなみに、展示されている品物は、「非売品」と明記されていないかぎり、購入することができた。

最終的に**博覧会の入場者**は、なんと**750万人**にのぼった。当時の日本の人口は5000万人程度だから、リピーターなどを考慮しても10人に1人以上は来場した計算になる。まさに大盛況といえるだろう。

ところで、博覧会という催しは、フランスのパリが発祥だといわれるが、国際的な万国博覧会は、1851年にロンドンで初めて開催された。日本が国家として万博に初めて参加したのは、江戸時代の慶応3年（1867）のこと。フランス政府の招きに応じて、将軍徳川慶喜が弟・昭武をパリ万博に派遣したのだ。日本使節団のメンバーには、あの渋沢栄一も加わっていた。

パリ万博では幕府も日本の伝統芸能や美術品を出品し、これが大きな話題となった。とくに浮世絵は、モネやゴッホといった画家たちに大きな影響を与え、ジャポニズム（日本熱）のきっかけになったとされる。明治政府も明治6年（1873）のウィーン万博に参加。このとき学んだ経験を活かし、明治10年（1877）には内務省が上野公園で日本初の内国勧業博覧会を開催した。博覧会は殖産興業を目的とし、農業、園芸、機械など6分野、すべてあわせて8万4千点の物品が陳列された。102日間の会期中に45万人が参観したといわれる。

この内国勧業博覧会は、明治36年まで5回開催され、日本の産業や文化の近代化に大きく貢献をした。

ただし、日本で初めての博覧会は、明治10年の第1回内国勧業博覧会ではない。

その6年前の明治4年10月、京都で開催された博覧会が嚆矢《こうし》であった。主催したのは、産業の振興を目指す三井や小野組などの京都の豪商たち。国内外の品物336点が西本願寺大書院に陳列され、1万人以上の見学者が訪れた。京都府ではこの博覧会を後援したが、次の年には京都府が主催して第1回京都博覧会が開かれた。

この博覧会では、日本のすぐれた技術を知ってもらうため、積極的に外国人を招こうと考え、外国人を呼び込む目的で英文のパンフレットを作成している。パンフレットを作成したのは、会津藩出身の山本覚馬だった。NHK大河ドラマ『八重の桜』の主人公・新島八重の兄である。ちょうどドイツから輸入したまま放置されていた印刷機があったので、覚馬はそれを組み立てさせ、文章の活字を妹の八重に拾わせ、京都の絵が入った48ページの冊子を多数印刷している。その効果もあって、西本願寺、建仁寺、知恩院を会場にして開催された博覧会は大入りで、会期は30日延長され、80日間で4万人近い人々が訪れ、収益も黒字だった。以後、京都における博覧会は、毎年恒例となっていった。

いずれにせよ、明治初年以来、たびたび日本各地で博覧会がおこなわれたが、大正3年の東京大正博覧会は、これまでの規模をはるかに上回るものだった。

第一会場の上野山（上野公園）にくわえ、不忍池周辺に第二会場が設置され、既存の博物館や美術館だけでなく、新たに多くの展示場（パビリオン）が新設された。

この**第一会場と第二会場はエスカレーターで連結**されたが、それが一番の目玉といってよいくらい話題を集めた。なぜなら、日本初のエスカレーターだったからだ。

時事新報（大正3年3月9日付）では、エスカレーターに試乗した記者が次のようにその様子を報道している。

東京大正博覧会で設置されたエスカレーター

「興行物中で一つの呼び物たる第一会場と第二会場を接続するエスカレーターは、いよいよ電気発動装置を終えたので、試運転を行った。すなわちこれは階段が或《あ》る仕掛けでそのまま上下しているので、その上に立っていると、自然に身体が運ばれて行く。技師の話によると、一秒間に一尺、すなわち一分間に六十尺昇降するそうであるが、西洋では乗客が馴れているので、運転している階段の上を飛び歩いているとの事だ。乗り心地は愉快だが、年寄り、小供には多少物騒のようにも思われる」（『大正ニュース事典』）

このエスカレーターは**1秒間に1尺**、つまり30センチほど進むものだったようだ。現在でも、勾配にもよるが、平均的な速さは1秒間に50センチなので、それほど速くはないが、大正人にとってはかなり速く感じられたようだ。

実際、開会早々、事故がおこっている。エスカレーターの揺れが激しく、74歳の女性が振り落とされて顔面を強打し、全治2週間の怪我をした。同じ時刻に2歳の子がエスカレーターに足をはさまれ、坐骨傷を負ったという。揺れが激しくて落ちてしまうというのは、いくら当時でもあり得ないので、きっと機械に何らかの異常が生じたのだろう。

エスカレーターは有料で、運賃は10銭だった。都電が5銭、豆腐が2銭、煙草6銭、そば3銭の時代だったので、そこそこの値段である。

なお、博覧会のエスカレーターが試運転された3月8日が現在、「エスカレーターの日」になっている。それから約7カ月後の同年10月、日本橋の三越百貨店新館で常設のエスカレーターが運転を開始した。ただ、どうやらこちらのほうが、先に設置されていたらしい。

100年でココが変わった!?

エスカレーターの速度は30㎝／秒、現在は50㎝／秒

15
技術革新

東京大正博覧会で登場した最新の利器

大正3年

1914年

大正3年（1914）に開催された東京大正博覧会だが、さらに詳しく紹介していこう。まずは第一会場（上野公園）の正門をくぐると、すぐに工業館と鉱山館、林業館があり、その奥には水産館や教育学芸館、衛生館、動物舎、美術館、拓殖館、朝鮮館、園芸館など、多くのパビリオンが林立している。動物舎では珍しい動物が陳列されるだけでなく、豚肉の切り売りなどをしたので、園芸館での野菜即売会とともに大盛況だったという。

一通り第一会場を見終わったら、今度は先述のエスカレーターに乗って第二会場で降り、農業館、運輸館、染色館、外国館、動力館、機械館、台湾館などをめぐる。それが順当なコースだった。

博覧会での出品数はおよそ20万点。館内のパビリオンには、漆器などの伝統工芸品も多数展示されたが、人目を引いたのは大正新時代にふさわしい最先端の技術を用いた品々だった。飛行機、自動車、ガスレンジ、人命蘇生機、水上スキーなど。
教育学芸館では、帝国劇場の模型があり、そのなかで豆人形が電気仕掛けで芝居をしたという。鉱山館では、石炭にかわる石油という新エネルギーが詳しく紹介された。石油がどのように地中から汲み出され、製油され、各種の用途に使われていくのかといった模型が陳列され、人びとの興味を誘った。

不忍池の空中を行き来したロープウエイも最新の乗り物だった。博覧会の2年前、一般客用として初めて大阪の通天閣とルナパークを結ぶ4人乗りのものが開通していたが、東京では初めてのお目見えだった。博覧会のロープウェイは6人乗りで、当時はケーブルカーと呼んでおり、運賃は15銭。試運転の様子が『東京日日新聞』(4月18日付)に紹介されているので、以下に記そう。

「架空遊覧ケーブルカーの試運転があった。上野山下無極亭の傍らから不忍池上を横断して、下谷茅町に通ずる延長千二百尺、高さ約五十尺の水面を、六人乗りの車体が運転する。車は花電車のように桜の花と風車と五色のリボンで装飾され、ズルズルと空中を滑走すれば、第二会場はもちろん、附近の景色は我が物であり、吹く風涼しく、これからの遊覧には誂《あつら》え向きである」

同じく話題になった**自動一分写真機**は、当時の記録によれば、次のような仕組みだった。「孔《あな》に貨幣を投ずれば、電気の作用に依《よ》つてレンズは忽《たちま》ち開閉作用を起し写真原紙は、現像液中に落下し、洗浄され、次いで本機下部の穴より、完全なる写真となつて出る仕掛けであつて、何の手数も要しない」（笠原天山編『東京大正博覧会実記』共楽社）そう、これは証明写真機やプリクラと同じようなものだ。さぞかし大正時代の人びとは驚いたことだろう。こうした最新の利器は、見学者たちに未来の輝かしい生活を想像させた。

パビリオンは夕方5時に閉まってしまうが、**5銭のチケットを買うと、夜間散策が**許された。そんな夜の博覧会の様子も当時のパンフレットから紹介しよう。

「夜に入つてからの雑沓は又殊更《ことさら》、万世橋から上野に到る迄の沿道両側の商店、皆思ひ々々に装飾を施し、人道と車道との間には、祝大正博覧会の文字を浮き出さした万燈を立て或《あるい》は紅白段々巻の柱には美しき提灯を吊すなど、池の端一帯より公園入口の間、右往左往として恰《あたか》も織るが如く何処も何処も人の山火の巷《ちまた》、それに名誉門、智徳塔は勿論《もちろん》第一会場及び第二会場の各館悉《ことごと》くイルミネーションを点じたので光炎忽ち天に沖し池畔の燭光は鏡の如き不忍の水面に反射し、壮観美観言はん方なく、実に是れ宛然たる一箇の不夜城を現出した」（前掲書）

万灯や提灯、電飾などで夜空に浮き上がった上野山や不忍池は、まさに幻想的な景観だったろう。

ただし、一方では現在では到底考えられないこともあった。3月20日に開場式が開かれ、午前中は8千人の招待客、午後から一般客が入ったが、たちまち路上にサイダーの空き瓶が散乱し、道路の清掃もいき届かず、**便所も不潔**で落書きも後をたたなかったという。ともかく**会場はゴミだらけ**だったようだ。それから10日経っても、東京日日新聞（3月30日付）は「場内はどこも紙屑がいっぱい溜って居るのに、捨てないのは見苦しい」とあり、かなり不潔な状態だったことがわかる。

また、これもいまではあり得ないが、**開会式には大勢の芸妓たちが参加**したのである。当日、来賓のために開かれた園遊会では、800名の芸妓たちが赤字に白く「大正博」と染め抜いたお揃いの前掛け（エプロン）を身につけ、食事の接待をしてマスコミの話題を集めた。さらに、博覧会内の演芸館（パビリオンの一つ）では、能や狂言といった伝統芸能のほか、なんと多くの芸妓たちが出演して歌舞を披露した。当時の感覚では、こうしたことは何ら問題にならなかったのだろう。

次項では、そうした東京大正博覧会の不都合な真実についても語っていこう。

大正といま、ココが同じ

夜間のイルミネーションで人集め

16

文化・芸能

東京大正博覧会の不都合な真実

大正3年

1914年

東京大正博覧会は、前述のとおり、大正新時代の幕開けにふさわしい最新の機器を多く紹介し、これから訪れるであろう近代化された新しい生活様式を多くの人びとに提示して見せた。一方で、人権を無視した奇妙なパビリオンが存在した。

代表的なのは、**美人島旅行館**であろう。館内には檻に入った出雲美人、蛇体美人、無体美人などがおり、次のように展示されていた。

「五十余名の盛装した美人を使つて或は井底に遊泳する魚族中に花の姿を現はすかと思ふと、月の世界に旅行するものもあります、そして館の真中には美人島女王の宮殿が出来てゐて、こゝには天下一品の美人を選んで、それをこの宮殿の女王と」した。

宮殿内での女王の「服装は、純日本風神代の女装」だったが、海上の場面になると、「洋装の海神と化して天に昇るといふ趣向」（東京大正博覧会編輯局編『東京大正博覧会観覧案内』文洋社）になっていたという。さらに「幽霊美人」というのがいた。

「荒涼たる原野、墓石累々として倒れたる上に、窶《やつ》れ果てた白装の美人が現はれ、路行く人を見てニヤニヤと笑ひ、忽ちにして煙の如く消える」「実に奇々怪々な珍趣向」だったとある。

さらに館内の様子について、笠原天山編『東京大正博覧会実記』（共楽社）は、次のように評している。「撰り抜きの美人が、火の中に立つたり、水の底に現はれたり、大蛇になつたり、乙姫になつたりして見せるのだから、特に年の若い助平《すけべい》連中、行くワ々々々、入場料の廿銭位は何でもない。十二階下で茶を飲んで来たと思へばそれで済む、兎《と》も角《かく》一番見落とす可らざる興業物として、開館以来仲々の人気、矢張り金を儲くるには美人を使ふに限るなりけりだ」

このように、**美女を見世物として陳列**させ、入場者を楽しませたのである。ちなみに「十二階下」というのは、高層ビル浅草12階（凌雲閣）の階下に広がる私娼窟のこと。ここで性を売る女性は、近くの吉原遊郭よりずっと安く買えるので男たちには人気だった。そんな女性より美女島旅行館の入場料のほうが安価で見応えがあると言っているわけだ。

さて、話題を美人島旅行館に戻そう。館内の通路が暗いうえ、人気のあまり人びとが押し寄せ、息苦しいほどだったという。この人気ぶりは、宣伝効果のお陰ともいえた。博覧会の開催前から「数千尺の天空に美人飛ぶ、この種絶世の大奇観」と記した大きなビラを東京市内各所に掲げ、館（パビリオン）にも「東叡山上美人島出現」という大看板を掲げてあったので、人びとの興味をかき立てたのだろう。

当時の男たちは、女性の見た目の美しさにこだわり、性欲の対象としか見ることのできない者も少なくなかった。しかも、その風潮を社会も容認していた。だからこの博覧会でも、各パビリオンや売店が美女集めに奔走している。館内のコンパニオンは当初157名。三越意匠部が考案した天平洋式の優雅な藍色の衣装を身につけたが、美女が率先して採用された。

『東京大正博覧会観覧案内』には、「**美人を囮**にして商売繁昌を図るのは敢《あえ》て珍らしいことではありませんが、殊に大正博に於ける各種の余興売店が、**看板美人を集める**ことに全力を尽くして居たのは最も注目すべき事実であります。女苦学生や真面目な生活に飽きた淪落の女が自ら進んで申込むのを待つては居られず、遠く東北の凶作地、北海道さては名古屋地方までも、**美人の買出し**に出かけたといふ有様ですから、上野の山には真に女護の島と言っても過言ではありますまい」と記されている。「美人を囮にして」「看板美人を集める」「美人の買出し」など、『東京大正博覧会観覧案内』にちりばめられた文言から、**当時の女性差別がよくわかる**だろう。

それだけではない。**人種差別もひどい**ものだった。6月17日、大正天皇が東京大正博覧会に行幸し、さまざまなパビリオンを見学したが、東京日日新聞には天皇が「美術館より拓殖館に成らせらるる御通路の右側には、評判の南洋土人二十四名奉迎せるを、陛下には顧みせられ、御微笑遊ばされる」とあるように、南洋といわれた東南アジアの各地域から住人を連れてきて南洋館で見世物にしたのだ。山路勝彦氏の「拓殖博覧会と『帝国版図内の諸人種』」(『関西学院大学社会学部紀要　第97号』所収)には、館内の様子を記した『大正博覧会記念帖』の文章が紹介されている。それによると、「土人をつれて来て、其日常生活状態を示す」ものであったが、陳列品のなかには、多くの猿や大蛇、生きたワニ、象の子、尾のあるニューギニア人、人を食うボルネオ人などが展示されていて、グロテスクな化け物屋敷のようだったという。また博覧会では、朝鮮や台湾、満州、樺太、北海道のアイヌなどの風俗なども展示された。

日本が植民地を持った明治後半の展覧会から国力を誇示するためにはじまり、その内容もひどく差別的だった。

さらに二六新報という新聞社がつくったパビリオン「通俗衛生博覧会」もえげつないものだった。胎児、象皮病にかかった巨大な睾丸、大きな脂肪腫、人間の生首10個、さらに帝国医学部が所蔵している高橋お伝（毒婦と呼ばれた死刑囚）の皮膚と内臓が飾ってあった。

7月31日に閉会日を迎えた東京大正博覧会だが、なんと当日、**守衛**（警備員）**たちが大乱闘事件を起こした**のだ。この日、7月分の給与が支払われることになっていたのに、急遽、8月3日に変更になったのだ。地方から来ていた警備員も多く、不満を持った彼らは第一会場の守衛室に集まり、不平を当局にぶつけていたところ、閉会式で酒宴がおこなわれ万歳三唱の声が響き渡った。これを耳にした守衛たちが、「俺たちに給与を払わず、何が万歳だ」と激高、中山守衛長に激しい暴力を振るい始め、これがきっかけで大乱闘となり、重傷が出る始末だった。最終的に同日中に給与を払うことで騒動は落ち着いた。

このように近代的な展示の陰で、**人権を無視した展示や行為も多く見られたの**が東京大正博覧会であった。

100年でココが変わった!?

人権に対する意識の進歩

17
経済

大正時代の申し子・鈴木商店の栄光

大正3年
▼
大正5年
1914〜16年

金子直吉は、**鈴木商店**の番頭である。こう言うとパパママ・ストア（家族経営主体の小売店）の店員のようなイメージを受ける。当初はそうした**小規模経営からスタートした砂糖商**だったが、わずか30年で日本一の総合商社にしたのが金子直吉であった。

土佐出身の直吉は13歳になると奉公に出され、奉公先を点々とした後、20歳のとき神戸の鈴木商店に勤めることになった。社長の**鈴木岩治郎**は川越藩士の次男で、砂糖を商い儲けていたが店員は数名に過ぎなかった。

だが、直吉が防腐剤や火薬の原料になる樟脳《しょうのう》をあつかうようになり、それが砂糖とともに利益の両輪となり、鈴木商店の年商は500万円（現在の70億円程度）となったという。このため主人の岩治郎の死後は、その妻のヨネから番頭として一切の商務をまかされた。

鈴木商店は台湾で樟脳の会社を経営していたが、台湾総督府の実力者・後藤新平と結び樟脳油の65パーセントの販売権を獲得、台湾での商売を拡大した。

当時の大企業の重役は、金にまかせて贅沢な暮らしをしたり、豪勢な遊びにふけるのが一般的であったが、金子直吉という人はそういったことを一切しなかった。**楽しみと生きがいは仕事だけ**であった。

頻繁に夜行列車で東京へ行き、車中では多くの書類に目を通し、翌日東京につくと、さまざまな相手と商談を済ませ、隙間の時間を見て知り合いの政治家や企業家、役人、友人、知識人のもとへアポなしで会いにいって情報を集め、神戸に戻ってきた。列車のなかでも、名士らしき人物がいれば、気にせず話しかけ、人脈を広げていった。また、鈴木商店が所有する多くの工場を毎日のように見て回り、その目で商品の製造や職場の状況を確認した。**日曜日も仕事を休まなかった。**あれはキリストが勝手につくったものだと言って、通常どおり働いた。睡眠時間は1日4、5時間だったといい、世人は直吉のことを『**仕事助平**』と呼んだ。女ではなく、仕事に入れ込んだからだ。

ただ、あくまで仕事をすることが目的であり、経済活動によって私財を蓄えようという欲は皆無だった。

のちに鈴木商店本社屋となった神戸のミカドホテル

ウソのような話だが、結婚前まで直吉は給料をもらったことがなかったという。必要な額を必要なときに会計担当からもらっていた。しかもほとんど私的に金を使わなかった。背広がほつれても直さず、いつもはいているだぼだぼのズボンはアイロンもかけず、まるでずた袋のようだった。また、「常に頭が冴えるようにするのだ」といって、頭に氷嚢を載せ、それが落ちないよう帽子をかぶっていたが、その帽子もまるで使い古しのようだった。

さすがに所帯を持つと、給与をもらうようになったが、当初は給料袋を毎月仕事場の机に入れたまま忘れ、妻の徳は夫に生活費のことを切り出せず、自分の実家から援助してもらっていたという。ただ、さすがに半年も経って1円も家庭に入れない夫に、おそるおそる給与のことを告げた。そこで初めて直吉は、机の引き出しに半年分の給与を封も切らず、無造作に放り込んであったことに気づいたという。

家も会社の貸屋に住んでいて、見かねた部下が無理やり須磨に住居を建てさせた。とにかく頭のなかには仕事のことしかなかった。あるとき電車が混んでいて、直吉は座席に座れなかった。すると親切な女性が席を譲ってくれた。直吉は礼を言って座ったが、駅に着いて改札を出ると、先ほどの婦人が自分の前を歩いている。その後もずっと自分の前を歩き続け、やがて直吉の家まで来ると、なんと、鍵を開けて入っていくではないか。このときはじめて、その人が妻の徳であることに気がついたそうだ。

明治時代末期から大正初年にかけて、直吉は**小林製鋼所**（のちの神戸製鋼）、**日本商業**という貿易商社、**南満州汽船**、**播磨造船所**、**日本金属工業**、**南洋製糖**、**帝国染料などを買収・設立**し、多角的経営に乗り出していった。さらに、高畑誠一にロンドン支店を任せたのを皮切りに、アメリカやオーストラリアなど、各国に若くて有能な社員を送り、世界を股にかけた商取引を展開するとともに、外国の詳しい情報を集めさせ、それを事業拡張の判断材料とするようになった。

そんな矢先の大正3年（1914）、第一次世界大戦が始まった。この戦争の勃発で国内経済は混乱し、株価は下がり続けた。ただ、世人は、この戦争が短期間でカタがつくだろうと見ていた。だが、国際情報をいち早く入手できる立場にあった直吉は、日本が不況に落ち込んでいた開戦当初、にわかに「**黄金の洪水が日本に押し寄せてくる！**」と叫び、鉄を中心に、**あらゆる品物を買って買って買いまくった**。この戦いは、必ずや長期戦になり、物資はすべて不足するはずだと読み、資金がなければ借金してまで買いあさったのである。

翌年、その予想は見事に的中し、鉄を筆頭に諸物価が暴騰していった。直吉は、安く購入した鉄を各造船所に高く売りつけるとともに、大量の船舶の建造を発注した。大戦争では、必ずや船舶が不足すると判断したのだ。この結果、大戦中に鈴木商店は、20隻以上の貨物船（5千トン以上）を所有し、さらに多くの船会社から数十隻の船をチャーターし、海運業を大規模に展開していった。

大正4年の数カ月間で、鈴木商店は、現在の金額にして千数百億円の利益を得た。

さらに直吉は、持ち船を利用してチリ産の硝石をロシアに販売したり、ロシアの小麦をロンドンに売ったりと、積極的に3国間貿易で利益をあげた。こうして得た莫大な儲けは、事業拡大に用いられるとともに、帝国染料、大田川水電、浪華倉庫、信越電力、日本冶金工業、旭石油、東洋燐寸など、企業の買収資金となった。こうして4年間の大戦景気の間に、鈴木商店はコンツェルン形態を完成させ、財閥に成り上がったのである。

大正といま、ココが同じ

スタートアップ企業の元祖がここに

大正

中期

大正6年 ▶ 10年

1917 − 1921

18
経済

大戦景気の終焉が招いた鈴木商店の倒産劇

大正6年
▼
昭和2年
1917〜27年

前項に述べたように、大正時代の**鈴木商店**は天才的な**鈴木直吉の経営手腕のおかげで絶好調**だった。

大正6年11月、直吉はロンドンの部下・高畑誠一らに宛て6メートル以上の書簡を送った。俗に**「天下三分の宣誓書」**と呼ばれたもので、最後の部分を紹介しよう。

「今当店の為し居る計画は凡《すべ》て満点の成績もて進みつゝ在り、御互に商人として此の大乱の真中に生れ、而《しか》も世界的商業に関係せる仕事に従事し得るは無上の光栄とせざるを得ず即《すなわ》ち此戦乱の変遷を利用し大儲けを為し三井三菱を圧倒する乎《か》、然《しか》らざるも彼等と並んで天下を三分する乎、是鈴木商店全員の理想とする所也、小生共是が為め生命を五年や十年早く縮小するも更に厭《いと》ふ所にあらず、要は成功如何にありと考へ日々奮闘在り」

米騒動の標的となって焼き打ちされた鈴木商店本店

この年の鈴木商店の年商は15億４千万円に達し、それまでトップだった三井物産の10億９千500万円を超えていた。しかも15億円という額は、**当時のGNPの１割**にあたったという。従業員も２万５千人を超え、傘下の企業や関連会社は数えきれぬほどになった。

だが、儲け過ぎたことで妬みを買い、**鈴木商店は米騒動の標的**になった。鈴木商店が「米を買い占めている」という新聞の誤報道により、激昂した庶民によって神戸の本店が焼き打ちされたのである。

いずれにせよ、大正時代にこの世の春を謳歌した鈴木商店だったが、それから**わずか10年後、鈴木商店は破綻**してしまった。

直接の原因は、**大戦景気の終焉**であった。ヨーロッパの戦争が第一次世界大戦に発展したことで、アジア市場からヨーロッパ資本が引き上げてしまう。同様の製品が提供できるのは日本だけだったので、造れば粗悪品でも売れた。また、ヨーロッパでの軍需品も大量に日本に発注された。さらに、戦争景気にわくアメリカへも膨大な日本製品が流れ込んだ。

だが、戦争が終わるとアメリカの景気は後退、ヨーロッパでも軍需品が必要なくなり、さらに**ヨーロッパ資本がアジア市場に戻ってきた**。このため日本の品物は売れなくなり、株価は暴落、企業がばたばた倒産する戦後恐慌に見舞われたのだ。

このような状況を事前に予測した鈴木商店の若手エリート社員たちは、直吉に造船業などの不採算部門を思い切って手放すよう進言した。しかし直吉は、海軍に八八艦隊構想（艦隊の大増強計画）があることなどを理由にかたくなに拒んだ。彼は企業買収には積極的だったが、**売るのは極めて下手**だった。傘下の社員を切れないのだ。神戸製鋼所の買収がほぼ決まりかけたときも、譲渡先の久原房之助が直吉の信頼する製鋼所の支配人・田宮嘉右衛門も付けてほしいと言った瞬間、この話を破談にしてしまっている。

悪いことは続くもので、景気が傾いたうえ、さらに関東大震災が起こって鈴木商店はまたも大きな打撃を受けた。

メインバンクは台湾銀行だったが、その貸し付けの大半が鈴木商店のものになっていた。台湾銀行は、経営破綻を回避するため、鈴木商店に大規模な改革と直吉の退陣を求め、多数の役員を送り込んだ。また、社内でも亀裂が生まれていた。エリート社員たちは直吉に心服しつつも、その**かたくなな経営姿勢に批判的**になっていたのだ。

だが、直吉は己の才覚で鈴木商店を大きくした自負があり、経営に絶対的な自信を持っていた。ただ、不況の風はいかんともしがたく、台湾銀行の干渉に直吉は手足を縛られた状況となった。その後も鈴木商店の負債は増え続け、台湾銀行の経営も急速に悪化。このため**台湾銀行**は、昭和2年（1927）3月、**鈴木商店への新規融資を打ち切った**。これで鈴木商店は経営継続のメドが立たず、翌4月、**倒産**に追い込まれてしまった。もし鈴木商店が三井や三菱のように自社の銀行を持っていれば、この事態は回避できたろう。
破綻した鈴木商店の傘下企業や関連会社は、**三井財閥に吸収**されていった。メインの商社部門は、高畑誠一が**日商**（現・双日）**と改名して活動を軌道に乗せること**ができた。

直吉はその後10年近く、旧債の整理や諸事業の清算に駆け回った。そして一段落した昭和12年、鈴木商店の子会社だった太陽曹達を太陽産業と改称し、この会社を拠点に鈴木商店の再興に動き出した。すでに72歳になっていた。しかし、それから7年間で直吉は20近くの会社を傘下に収めたのである。このように仕事への情熱は人間離れしていた。しかしながら直吉とてその身体は超人ではない。昭和19年（1944）、伊豆長岡への旅行で風邪を引いたのをきっかけに床に伏せ、同年2月27日に逝去してしまった。もしさらに彼が長生きしていたら、鈴木商店の再興もありえたかもしれない。

大正といま、ココが同じ

カリスマ経営者に頼り切りは危うい

19
事件・災害

偏向報道がきっかけで暴発した全国的な争乱「米騒動」

大正7年

1918年

大正7年(1918)に発生した**米騒動**は当初、**越中女一揆**などと呼ばれた。それは、**富山県**(昔の越中国)**新川郡魚津町の女性たちの直接行動**(発端は東水道町、滑川など諸説あり)**がきっかけ**で、全国的な騒擾事件へ発展したからだ。

この年の7月、魚津町の漁師の妻たちが井戸端会議で、米価の高騰の話題で盛り上がった。そして「米が値上がりするのは、富山県でとれた米を他県へ船で運び出してしまうから。ちょうどいま港に伊吹丸が来ているけど、明日、この船に米を満載するそう。それをやめてもらおう」ということになった。とくに富山県沿岸部の漁村は、しばらく不漁が続き、女性や子供は1日1、2回、粥をすすって腹を満たすありさまだった。そこで、**彼女たちは米の船への積み込み作業を阻止し、周辺の米屋へ押しかけて安売りを頼んだ**のだ。

こうした騒動は別の地域でも起こった。8月3日になると、海岸に集まった西水橋町の女性たち百数十人が３つに分かれて米屋や町の有力者たちに米の運び出しの禁止や廉売を要求、言うことを聞かないと放火すると脅し、警察が出動する騒ぎになった。翌４日には、東水橋町でも600〜700人が集まって同じように騒動になっている。

ただ、一揆のイメージにあるように、暴力的な破壊活動をしたわけではない。この騒ぎに触発されて県内各地で騒動が始まるが、**初期における米騒動は、女性たちが米穀店に廉売を哀願したり、役所に哀訴にいくような形態**で、警察官の説得に素直に応じて解散している。

しかも富山県の漁村における女性たちの強訴は、今回にかぎったことではなかった。明治時代からこのときにいたるまで、たびたび同様の騒ぎを起こしていた。漁師町では夏場は漁獲量が少ない不漁期なので、人びとの生活は苦しくなっていたからだ。こうした騒動は、村の役人や有力者が救済を約束することで終息してきた。今回も滑川町などでは救済がおこなわれ、８月初旬には騒動は鎮静化している。

ただ、この騒ぎは富山県だけにとどまらず、**全国的な騒擾事件に発展**してしまった。それは、新聞社の報道の姿勢が大きく関係していたと思われる。８月初旬になると、新聞各社がこぞってこのニュースを扱うようになった。

明治時代と異なるのは、日露戦争後、新聞が庶民にまで購買者層を広げ、巨大メディアに成長していたことだ。だから社会に与える影響は計り知れないほど大きくなっていた。

紙面には『女一揆』『女軍』『米屋襲撃』『家を焼き払い』『一家を殴殺しようと』『漁師家族の大一揆』『数百人がおしかける』といった見出しが躍った。

こうした過激な文言は、騒ぎをあおり立てようとする新聞社の偏向報道だった。さらに**驚くべきは、フェイクニュースが含まれていたこと**だ。

米を他県へ販売しないでほしいと頼む女性たちに向かって、ある米穀店主の妻が「米を売るのが私たちの商売。売買はするのは勝手だろ。米が食えなくて苦しかったら、死んでしまいな」と暴言を吐いた。すると激怒した女たちは、米屋を徹底的に破壊したという記事。しかし、そんな事実はなかったことがわかっている。

過激な記事を載せれば部数が増えるという新聞社の思惑があったことも間違いないが、新聞社が米騒動をセンセーショナルに報道し、民衆の反抗心をあおったのは、時の寺内正毅内閣を弱らせ、あわよくば倒してしまおうと考えたからだといわれる。

新聞社は明治初期より、反権力的な会社が多く、自由民権家、政党、労働者など、当時としてはリベラルな勢力に協力的で、弾圧を受けながらも政府と対峙してきた。大正時代になってからも、別項で述べたように護憲運動を積極的に後援した。だから官僚・軍人勢力を背景にした寺内正毅内閣は、ぜひとも倒したい相手だったのである。

もちろん、新聞の記事を見て全国の人びとが米騒動に参加したわけではない。あくまでも記事は引き金に過ぎなかった。**国民は生活苦にあえいでいたのだ。原因は物価高**。とくに**米価の暴騰**はひどいものだった。大正時代は、農家から都市への人口流出が激しく、米生産高は停滞していた。一方、増大した都市人口が米の消費量を押し上げたので、全体として米は不足がちになり、価格が上がっていったのだ。また、大正4年から大量の米が海外へ輸出されるようになった。そうした状況をみて、地主が米を売り惜しみし、商社が投機を目的に買い占めをしたため、米価は大正6年から急騰していったのである。

たとえば、**大阪堂島米市場**の相場は、**同6年1月に1石15円**だったものが、**翌年7月には30円**となっている。なんと、倍に跳ね上がったのである。

米騒動直後に東京で行われた米の配給

政府は**暴利取締令**を出して、米の売り惜しみ・買い占めを禁じたり、外国・植民地米の輸入を推進したりしたが、あまり効果がなかった。このため貧困層だけでなく**中流層も日々の生活に困窮し、大きな不満をいだくようになっていた**のだ。

さらに当の政府自体が米価の高騰に油を注ぐような政策をとった。米騒動が勃発し出す同年8月2日、寺内内閣は、植民地である満州・朝鮮、あるいは国内へのロシア革命の波及を防ぐため、**シベリア出兵**を宣言したのだ。もしシベリアへ大軍を派遣することになれば、当然、大量の兵糧が必要になる。だから商人たちは米穀の値上がりを見こして、さらに買い占めに走ったので、ますます米価は急騰した。

こうして富山県内で始まった米騒動は全国に飛び火し、収拾がつかなくなっていった。とくに都市部では本当に暴動になった。有名なところでは、**神戸の三菱造船所で働く労働者の大暴動**、**先述の鈴木商店の焼き打ち**などがあった。各地で米穀店や富裕層の屋敷が襲撃され、暴徒は米屋に米の安売りを約束させたが、騒ぎを目の当たりにして気持ちが高揚し、お祭りに参加するような気持ちで暴動に参加する者たちも少なくなかった。騒動は都市部から農村部へと拡大していった。ここでも貧困な小作農だけでなく、一般農民も騒ぎに参加するようになった。

このように、全国へ拡大した暴動に驚愕した政府は、警察だけでは対応できないと判断、**軍隊を百カ所に派遣して鎮圧**にあたらせた。その兵数は延べ10万人近くにおよんだと伝えられる。

政府はまた、8月7日高岡新報、同月12日北陸タイムスを過激な報道をしているとし、**発禁処分**にした。さらに14日、すべての新聞に対して米騒動の記事を掲載することを一切禁止する。

　こうした政治弾圧に対して各新聞社は猛反発し、16日午後3時までに禁止を解除せよと、期限をつけて強く政府に申し入れた。そこで政府は妥協案として、内務省の公報に載る事件報告に基づいた記事の作成のみを許可した。しかし内務省の公報は、騒動の拡大を恐れて事態を過小にあつかっていたから、新聞社は政府を激しく非難した。このため政府は「誇張や騒動を扇動する記事以外なら掲載してよい」と事実上命令を撤回した。

　寺内内閣の言論弾圧に憤激した新聞記者たちは、各地で言論擁護の集会を開き、寺内内閣弾劾を叫んだ。また、シベリア出兵の失策を糾弾するキャンペーンを開いた。

　米騒動は9月末にようやく沈静化したが、**参加者は100万人**に達したと推定される。事件で検挙された人々は2万5千を超え、約8000人が起訴され、多数が懲役刑を科され、2名に死刑が宣告された。騒動が発生したのは1道3府38県38市153町177村におよんだ。まさに、政府が経験したことのない未曽有の大暴動になったわけだ。

　9月22日、**寺内正毅内閣は**、**米騒動の責任を負って総辞職**した。これでますます民衆は、自分たちの力を自覚するようになった。

寺内の後継者として首相に選ばれたのは、**政友会総裁の原敬**であった。彼は、外相・陸相・海相以外は、すべて政友会（政党）党員から閣僚を選んだので、日本初の本格的政党内閣といわれている。また、原自身も、これまでとは異なり、平民出身の人間だった。そこで民衆は、原敬を**平民宰相**と親しみを込めて呼び、その政策に期待をかけた。

なお、社会主義者で労働運動のリーダーだった**鈴木文治**は、『労働運動二十年』のなかで、米騒動を次のように回想している。

「米騒動は民衆に力の福音を伝えた。労働階級に自信を与えた。多数団結して事に当たれば、天下何事か成らざらんと。即ち米騒動は無産階級の自卑心を一掃した。自屈心を払拭した。そして、力強い自信力と自尊心とを与えた」

こうして、米騒動によっていっそう自分たちの力を自覚した民衆は、吉野作造や美濃部達吉の思想や理論を根拠に、のちに普選運動を展開するとともに、官僚内閣打倒を叫んで第二次護憲運動に邁進し、清浦奎吾内閣を打倒してゆくのである。

大正といま、ココが同じ

貧困や急激な物価高騰は民衆の怒りを招く

20
社会運動

大正時代に盛んになった女性解放運動

大正9年
▼
大正11年
1920～22年

平塚らいてうは、大正9年（1920）3月、**市川房枝**、**奥むめお**らと**新婦人協会を設立**した。

「婦人の能力を自由に発達せしめ、男女の機会均等を主張すること。」という文言が、要領に明記されているとおり、**女性差別を撤廃し**、**男女平等を目指す団体**であった。

すでに平塚は女性解放運動家として有名であった。会計検査院次長という高級官吏・定二郎の娘として生まれたらいてうは、日本女子大学校家政科を卒業後、閨秀文学会（文学サークル）で知り合った**森田草平**と恋に落ち、栃木県の**塩原山中**で**心中未遂事件**を起こした。当時、新聞にも取り上げられるスキャンダルとなり、森田は中学校の教師を失職し、らいてうも大学の同窓会から除名された。

それでもめげず、明治44年（1911）、らいてう自らが発起人になって**青鞜社を組織**した。ただ、これは女性の解放を目的とした組織ではない。規約には「本社は女子の覚醒を促し、各自の天賦の特性を発揮せしめ、他日女流の天才を生まんことを目的とす」とあり、**女性の文学的才能を開花させることに主眼**を置いていた。機関誌**「青鞜」**の部数は順調に伸び、編集部には恋愛や結婚の相談が女性から多く寄せられたが、マスコミはその活動をセンセーショナルに取りあげた。青鞜社員が酒を飲んで酔っぱらったとか、吉原で豪遊したといった、事実無根の記事を書き立てて世論をあおったのである。結果、弘前の女学校の教諭・**神近市子**が青鞜社員であることを理由に職を追われてしまう。そうした嘲笑と弾圧が、平塚ら青鞜社員に女性に対する差別と無理解を認識させることになり、結果として彼女たちは女性解放に目覚めていった。

明治時代になっても女性の地位は向上せず、**家制度にしばりつけられ**、逆に男は妾を持つことが許され、妾は戸籍に妻と並記された。**刑法には、夫ある女性の浮気を処罰する姦通罪が盛り込まれたが、妻ある男性の浮気は処罰の対象とならなかった。**女性は、自由恋愛もままならず、親や親戚が決めた相手と結婚するのが一般的だった。

しかし明治後期になると、教育の普及によって女性たちは、書物や雑誌から自分たちの差別的立場を認識するようになる。同時に女性の社会進出も進み始めた。**紡績業**、**製糸業**に従事する貧困家庭出身の**女工**にくわえ、中産階級に属する女性が経済的自立や家計援助の目的から**電話交換手**、**教諭**、**タイピスト**、**看護婦**（当時の呼称）、**記者**などに就いた。大正5年（1916）には女性車掌、同7年には女性校長が誕生した。とはいうものの、女性の職場進出は、男性から嫌悪される傾向が強く、賃金や待遇も男性より劣った。そうした現実を目の当たりにして、職業婦人（仕事を持つ女性）は、自分たちへの差別に不満を感じていた。だからこそ青鞜社への支持が殺到したのだろう。

らいてうは、大正4年から年下の**奥村博史と同棲**、**2人の子どもをもうける**など、法律によらない斬新な男女のあり方を自ら実践し、世間の女性たちの先をいった。

ちなみに、**与謝野晶子**も女流歌人として名声があり、女性の地位向上につとめていた。らいてうは、そんな晶子と大正7年に「**母性保護論争**」を展開する。

晶子は、「女が男の奴隷でなくなるためには、経済的にも人格的にも自立しなくてはならない。また、国家に保護を求めるのはよくない」と主張した。これに対してらいてうは、「それは理想論で、人類の未来のために国家は母性を保護する必要があるし、保護を受けるのが当然の権利だ」ととなえた。このように、らいてうはどちらかというと、女性差別の現状を現実的に改良していこうとする考え方を持っていた。

さて、こうして大正9年に発足した新婦人協会は、機関誌**『女性同盟』**を発刊し、当面の運動目的として**治安警察法第5条の修正**と**花柳病男子の結婚制限**をかかげた。治安警察法第5条は、女性が政党に加入することはもちろん、政治集会を主催したり、出席することも禁じていた。平塚らはこれを撤廃しようというのである。

花柳病というのは、性病をさす。当時は**公娼制度**があり、そこに通って性病に感染する独身男性が非常に多かった。女性は自分で結婚相手を選べない。万が一、相手が性病に感染していれば、自分も罹病し、命にかかわってくる。だから、そうした病気をもつ男性の結婚を制限しようというのである。

花柳病男子の結婚制限については、公娼制度の廃止にも関わる問題であるため、議会では採り上げられなかったが、**治安警察法の修正については、議会を通過**した。た

新婦人協会の第１回総会

だし、すんなり通ったわけではなく、強い反対にあいながらどうにか通過したのである。とくに第44議会では、衆議院を通りながら、**貴族院で否決**されてしまう。

　貴族院議員の**藤村義朗**男爵などは、「最近新しい女たちが、妙な団体をつくり、政治活動を展開しているが、私はこうした動きを苦々しく思っている。これを許すことは天皇制に反すると思うので、治安警察法の修正には断固反対する」という強い反対演説をした。

　しかしながら、こうした強硬な態度に、新婦人協会のメンバーはくじけなかった。奥むめおらは、たびたび藤村男爵に面会を要求し、ついにその承諾を得ると、男爵に切々と修正の必要性を説いた。このとき奥は、背中に子供を背負っていたという。婦人解放をとなえるような女性は、みな家庭をかえりみない女だと偏見をもっていた藤村男爵だったが、奥の子供を背負う姿に心打たれ、ついに修正案を認めたという。こうして、第45議会において、念願の法案は可決した。しかしながら、審議の過程で女性の政党加入の部分は、法案から削られてしまっていたので、完全なる勝利とはいえなかった。

残念ながら、新婦人協会は**大正11年に解散**する。平塚が病気療養を理由に協会から離れ、市川房枝もアメリカへ渡ってしまい、求心力を失ったからである。

しかし、普通選挙実現運動が広まってくると、大正13年、市川房枝を中心として**婦人参政権獲得同盟会**がつくられ、女性の参政権・公民権の実現を求めて、運動が繰り広げられていった。

こうした、議会に働きかけて女性の解放を求めてゆこうとする市川らの運動に対し、資本主義そのものを打倒して社会主義・共産主義社会を達成することで、女性は完全に解放されるのだととなえる女性たちがいた。その代表である**山川菊栄**らによって、**赤瀾会**がつくられた。

しかしながら、両団体とも女性の広い支持を獲得することはできなかった。周知のとおり、女性の参政権も公民権も、太平洋戦争後まで実現しなかった。

どうして、世間一般の女性は、両団体に冷淡だったのだろうか。

それは、両団体が女性の生活に根ざした運動をしていなかったことが関係あると思われる。一般の女性たちにとって、参政権の獲得や社会主義社会の実現など、ある意味重要ではなかったのではなかろうか。むしろ、自由に恋愛できない、好きな人と結婚できない、親の言いなりにならなくてはいけない、子供ができないから家を追い出される、姑にいびられる、そういった**家制度にかかわる身近な生活上の問題**こそが、一般女性が女性リーダーたちに解決してほしかった課題だったと思うのだ。そこに着目しきれなかったことが、近代日本の女性解放運動が実を結ばなかった原因である気がする。

「『女性は結婚すべきものだ』というような役に立たない旧式な概論に動かされる事なく、結婚もしよう、しかしそれが不可能なら、他にいくらでも女子の天分を発揮すべき文明の職能がある。結婚のみが自分の全部でないという見識から、境遇と自分の個性とに順じて思い思いの進路を開き、いろいろに立派な変わり物の婦人が多く出て来られる事を望みます」（『与謝野晶子評論集』岩波文庫）

与謝野晶子が、青鞜社が誕生した年に語った言葉である。いま100年以上の時をへて、ようやく彼女の語った言葉が現実化しつつあることを思えば、女性解放の道のりがいかに長かったかが実感できるだろう。

大正といま、ココが同じ

女性の解放は身近な問題の解決から

21
政治

原敬内閣の積極政策

大正7年
▼
1918年～

元老の山県有朋は、米騒動によって寺内正毅内閣が総辞職すると、元政友会総裁の西園寺公望を首相に推薦した。しかし西園寺はこれを断り、**立憲政友会総裁の原敬**を総理にするよう山県を逆に説得した。つまり、**政党内閣を承認**してほしいということだ。

もし山県がこれを断って非政党内閣をつくったら、寺内内閣を後援してきた政友会は、野党の憲政会と結んで敵に回るだろうし、国民も当然、政党に味方するだろう。そこで仕方なく**山県は、西園寺の意見にしたがい、元老会議で原を首相に推薦**した。

こうして首班に選ばれた原は、**陸軍・海軍・外務の3大臣以外はすべて、立憲政友会の党員から大臣を選んだ**のである。このため原内閣は初の本格的政党内閣と呼ばれる。しかも原は、南部藩の家老の家柄だったが、**爵位を持たない平民**だった。そんなこともあり、多くの人びとが**平民宰相**と呼んで原を支持した。とくに国民が彼に期待したのは、**男子普通選挙法の実現**だった。当時は**国税10円以上**を納めている**25歳以上の男性**にしか選挙権が与えられていなかった。でも「平民宰相の彼なら、きっと制限を撤廃し普通選挙を実施してくれる」と思いこんだのだ。このため、原内閣が誕生すると、普通選挙運動が盛んになっていった。

ところが原は、普通選挙に反対だったのだ。大正8年（1919）、**選挙権の納税資格を10円から3円に大きく引き下げ**たものの、普通選挙は認めなかった。

期待していただけに国民の反発は激しく、**普通選挙期成同盟会**が中心となって普選を要求するデモが各地でおこなわれ、翌大正9年には普選運動が空前の盛り上がりをみせた。野党の憲政会は、これを内閣打倒の好機ととらえ、議会に普通選挙法案を提出した。すると原首相は、普通選挙などは時期尚早だとし、法案の提出と同時に衆議院を解散した。総選挙の結果、立憲政友会が解散前より120近く議席を増やす圧倒的な大勝利をおさめた。勝因の1つは、**大選挙区制から小選挙区制に変えたこと**だった。詳しい説明ははぶくが、ようは与党の政友会に有利な選挙制度にしたのだ。

それだけではない。選挙権を持つ国民たちにさまざまな利得をちらつかせたのである。

原内閣は、大戦景気を背景に積極政策を展開し、交通整備を盛んにおこなっていたが、立憲政友会は**選挙区での道路改修や鉄道敷設を公約し、選挙戦の餌にした**のだ。政友会の政治基盤は農村の地主や有力者が多い。

こうして立憲政友会が絶対多数を獲得したので、普通選挙の可能性は消滅。普選運動は急速に衰えてしまった。

政権を安定させた原内閣は、**交通機関の整備**のほか、**教育の改善**、**国防の充実**、**産業・貿易の振興を四大政策**として推進していった。高等学校や専門学校をつくるとともに、専門学校を単科大学に昇格させたり、総合大学の学部を増やしたりして、高等教育機関を大幅に拡充したのである。

さらに**軍事費を大幅に増やした**。大正8年度、9年度の決算では、なんと総支出額の半分近くが軍事費に使われたのだ。

ところが大正10年、積極財政を続けるのが極めて困難になった。第一次世界大戦が終わって**戦争特需がなくなり**、**戦後恐慌が発生した**のである。これに加えて、与党の立憲政友会に関係する**汚職事件が次々に発覚**した。それでも強力なリーダーシップと巧みな政界操縦術で原首相はなんとか危機を乗り切っていった。政敵ともいえる元老の山県有朋に接近するとともに、貴族院に最大派閥をもつ保守的な研究会と提携し、政権を安定化させたのだ。

原敬は極めて**現実主義的な政治家**であった。戊辰戦争で新政府に敵対した南部藩に生まれ、新聞記者から政府の官僚となるが、やがて後の外務大臣・**陸奥宗光に能力を認められて抜擢**を受けた。陸奥も紀州出身で、原と同じように才能があるのに薩長閥でないために栄達できなかった。そこで土佐の自由民権派と結び、西南戦争のさい政府高官の暗殺を企んだ。その罪で数年間入獄したが、出獄後は長州閥に入って勢力を伸ばす道を選んだ。だが、首相になるのは確実といわれながら、結核のために亡くなってしまう。

いずれにせよ、恩人の生きざまを見て、原敬も敵と結んでも権力を握り、漸新的に社会を改革していく道を選んだのだと思う。

たとえば選挙で絶対的多数を握ったとき、普通選挙実現を目指していた国民新聞の記者の馬場恒吾が原敬と次のような会話をしている。

馬場が「『政治に腐敗する原因は選挙に金がか丶るからだ、金の要らない政治を建設する必要がありませう』と云ふと、原は、『そんな馬鹿な事があるものか、みんな金を欲しがるではないか。金を欲しがらない社会を拵《こしら》へて来い。さうしたら金のか丶らぬ政治を行つて見せる』と云つた。私は一寸ギャフンと参つた形で黙つてゐた。後で考へると反駁する理屈の付かない事はなかつたが、其時は現実の社会が金を欲しがると云ふ事実を否定する事が出来ない為めに、黙つてゐた。併《しか》しそれだからと云つて、どんな悪辣な方法を採つてよい、力で行く。政治は力なりと云ふ主張を是認する訳には行かない。だから、新聞で盛んに原内閣を攻撃してゐた」（馬場恒吾著『現代人物評論』中央公論社）。

原敬の現実主義的な思考がよくわかる逸話だ。

そんな豪腕な原首相だったが、突然、その政治は終わりを迎える。**政党政治の腐敗に激怒した18歳の中岡艮一《こんいち》が東京駅で原を刺殺**したのである。

強力なリーダーを突如失った立憲政友会は、新たに**高橋是清《これきよ》が総裁に**なって、閣僚を変えずにそのまま原内閣を引き継いだものの、すぐに党内抗争が激化し、結局、内閣改造問題にからんで高橋内閣は総辞職してしまった。

大正といま、ココが同じ

政治には金がかかる

22
外交

なぜ日本はシベリアに出兵したのか？

大正7年

1918年

第一次世界大戦中の大正6年（1917）、衝撃的な出来事が起こった。**ロシア革命**（プロレタリア革命）が勃発し、**ロシア帝国が崩壊**してしまったのである。さらに**レーニン率いるボリシェヴィキ**（のちの共産党）が**ソヴィエト政権**（後のソ連）を**成立させた。世界初の社会主義政権**である。その後、ソヴィエト政権は急激に拡大していった。これより前、ロシアはイギリスやフランス側でドイツと戦っていたが、翌年、ソ連は「無賠償・無併合・民族自決の原則」を全交戦国に呼びかけ、**ドイツやオーストリアとブレスト・リトフスク条約（講和条約）**を締結してしまったのだ。

このとき、**ロシア領内にチェコ・スロバキア軍**がいた。彼らはオーストリアからの独立をかかげてロシア軍と共に戦っていた。ところがソヴィエト政権に武装解除を命じられたのである。しかし、**チェコ・スロバキア軍はこれを拒み、西シベリアを占拠して反ソ政権を樹立する。**

そんなチェコ・スロバキア軍を支援するという目的で、**連合国はソ連**（旧ロシア）**に軍事介入をおこなう**ことにした。

ただ、イギリスやフランスは、ドイツ軍とヨーロッパで戦っていたので兵力をあまり割けなかった。そこで日本に対して出兵を依頼してきたのである。

だが、アメリカが日本の領土的野心を警戒して派兵に反対していたこともあり、日本政府内では、出兵をめぐって賛否が分かれた。メディアもそれを反映して各紙の主張が大きく異なっていた。

たとえば時事新報などは、「隣国が日本の保護を求めるのは気の毒だが、国内のことはその国民が始末すべきであって、他国の領土に簡単に兵を入れるべきではない。確かにロシアには在留邦人が多く居るが、最後の手段とすべきだ」と述べた上で、「出兵云々に至りては、今日はみだりに言うべき事にあらず、また断じて行うべき事にあらず」（前掲書）と強く反対している。

なお大正7年7月になると、アメリカが手のひらを返したようにシベリアへの共同出兵を日本政府に提案してきた。チェコ・スロバキア軍がアメリカに強く支援を求め、

ウラジオストックに上陸した各国の兵士団

アメリカ国民がそれに同情・賛同したからであった。
　そうしたことも後押しして、**寺内正毅内閣**は8月2日に**出兵宣言をおこなった**。寺内首相は、「ロシアの人民を敵視し、その領土や利益を侵害したり内政に干渉するつもりはない。あくまで人道上の観点からチェコ・スロバキア軍を支援するため、アメリカの提議に応じて共同出兵するのであって、それが連合国に対する信義の実をあげることになる」と語った。だが、別項で述べたようにこの直後に米騒動が大規模化し、寺内内閣は退陣を余儀なくされることになった。

ともあれ**日本**もイギリス、フランス、アメリカ、カナダ、フランス、中国などとともに**シベリアのウラジオストックに出兵**した。

ちなみにシベリアに出した兵力は、イギリスとフランスが合わせて５８００人なのに対し、日本軍１万２０００人、アメリカ兵７０００人と圧倒的に両国が多かった。

さて、日本政府の本音である。日本の国体（国家体制）は天皇制であり、労働者を中心とする社会主義・共産主義は受容できない。だから**隣国の革命は脅威**だった。ただ、出兵の理由は国内への影響を防ぐことだけではない。軍事大国ロシアがにわかに消滅したことで、その**領土を奪える絶好の機会**だと考えたのだ。

このため、アメリカとの協定を破り、日本は兵数をシベリアに増強していき、あわせて**7万2000人もの兵士を投入**したのだった。さらに世界大戦が終結し、**他国が撤兵してからも大正11年（1922）までシベリアに居座り続けた**。このためアメリカなどから「日本は領土的野心がある」と非難を受けるようになった。

大正9年には、アムール川河口の尼港（ニコラエフスク）で、**パルチザン**（外国占領軍に抵抗する遊撃隊）**に大敗して日本兵120名が捕虜となった**。そこで救出作戦を展開しようとしたが、パルチザンは捕虜を皆殺しにしたうえ、町を焼き払って撤収した。このとき軍民あわせて日本人が700人以上犠牲となった。このため日本政府は引くに引けなくなり、シベリア出兵が長引く原因となったのである。

大正11年まで続いたシベリア出兵では10億円を支出したうえ、ソ連軍との烈しい戦闘により3000人の戦死者と2万人以上の負傷者を出した。これについて東京朝日新聞（大正11年6月26日）は次のように論評している。

「この巨億の軍費と貴重の犠牲を払える西伯利《シベリア》出兵は果たして何を得たか。功過遥《はる》かに相償わず、失敗の二字を以って総勘定を終わったと云う外はない。（略）失敗に終わった総勘定の責任は、誰が負うものであるか。或いは軍閥の罪と云い、或いは内閣に一定の所信なくしばしば政策を変更した結果であると言い、或いは外交無能の罪と称されて居る。国民はもとよりその責任を明らかにする必要があるが、なおこれより大事なのはその善後策である。撤兵により列国の猜疑は除かれようが、いかにして将来露国民が平和的、経済的発展を計る事が出来るかを講ずるのが、刻下の急務ではあ

るまいか」（前掲書）

このようにシベリア出兵は完全な失敗だと断じ、今後、ソ連（旧ロシア）とどう平和的な関係を結ぶことができるかが重要だと論じている。

もちろん政府としても、それはすでに考えていた。日ソの国交正常化は、これより前の大正9年あたりから両国間で交渉がはじまっている。日本はアメリカを仮想敵国としており、アメリカと対抗するうえでもソ連と友好関係を結んでおくのが得策と考えるようになった。かくして大正14年、芳沢謙吉駐日公使とレフ・カラハン駐日公使が北京において**日ソ基本条約に調印し、正式に国交が開かれた**のである。

大正といま、ココが同じ——いったん始めた政策はなかなか修正できない

23
外交

ワシントン体制の成立と幣原外交

大正10年
▼
1911年～

第一次世界大戦は、ヨーロッパを主戦場にした未曽有の規模の大戦争である。**戦死者が900万から1000万人にのぼった**といわれ、これまでの戦争では考えられない惨禍だった。

「人類はこうした愚行を二度と繰り返してはならない」と反省した国々は、**パリ講和会議**を開いて**ヴェルサイユ条約**を結び、**国際紛争を平和的に解決する組織として国際連盟をつくり、各国が協調していく体制**（**ヴェルサイユ体制**）を構築した。しかし、いぜんとして東アジアと太平洋地域に関しては不安定で、紛争の火種をはらんでいた。**ソ連が誕生してアジアと独自外交**をおこなうようになったり、**戦勝国日本が大陸への進出を強め中華民国と対立**していた。しかも**中国は軍閥が割拠**している状況で、強力な統一政府がなく混沌としていた。さらに**太平洋での制海権をめぐって、日米英の三国で海軍の拡張**（建艦）**競争を繰り広げていた**のである。

戦後、力を持ったアメリカは、関係各国（8カ国＝日・英・仏・伊・蘭・中国・ベルギー・ポルトガル）をワシントンに招いて**海軍軍縮のための国際会議**を開いた。アメリカの目的は、日本の中国進出にストップをかけ、同時に自国の財政負担を軽くするため、建鑑競争を終わりにすることだった。

会議での日本全権は**加藤友三郎**海軍大臣、**幣原喜重郎**駐米大使、**徳川家達**貴族院議長である。会議は大正10年（1921）11月から翌年2月まで続くが、ヒューズ・アメリカ国務長官が会議の冒頭で「世界の軍備縮小のために、アメリカは建造中の**戦艦15隻61トンを廃棄する用意がある**」と宣言、**各国にも軍縮を求めた**のである。この驚きの発言が世界中で歓迎され、イギリスも同調して「世界最大の海軍国の地位を放棄する」と明言した。日本の加藤友三郎も独断で「我が国もヒューズの提案を受け入れ、進んで海軍軍縮をする用意がある」と発言した。こうした積極的な協調のムードで始まったワシントン会議で、**四カ国条約**（1921年12月）・**九カ国条約**（1922年2月）・海軍軍縮条約（1922年2月）の3条約が結ばれた。

四カ国条約は、日米英仏の太平洋の平和に関する内容で、各国が太平洋上に持つ島嶼の権益を相互に尊重し、問題が起こったら平和的に解決するというもの。ただ、この条約が結ばれたことで明治35年（１９０２）に成立した**日英同盟は廃止**された。もともと翌年7月に同盟は期限満了と決まっていたのだが、当然延長ということもあり得たし、そのほうが日本はありがたかった。**日英同盟は互いの中国での権益を認め合ったもので、軍事同盟でもあった**ので、日英同盟があるかぎり、簡単に他国が日本を攻撃するのは困難だった。つまり、この同盟があったればこそ日本は積極的な大陸政策を展開できたのだ。だから**同盟を破棄してしまうと、中国進出を嫌うアメリカとの間に戦争が起こっても、イギリスの後援が受けられない**。まさにアメリカの思惑通りだったわけで、日本にとって得はなかった。

しかし、次に結ばれた九カ国条約（日・米・英・仏・伊・蘭・中国・ベルギー・ポルトガル）は、ちがった。これは、**中国問題に関する取り決め**。中国の主権・独立、ならびに領土保全を尊重し、中国が独力で安定した政権をつくれるよう協力するというもので、条約締結国は以後、**中国の門戸開放・機会均等を原則に行動しなければな**

らないことになった。これまでのように日本が勝手に中国に進出できなくなったのだ。とはいえ、九カ国条約では、すでに日本が獲得している中国権益は完全に保障されたのである。

ちなみに九カ国条約では、山東問題については日中間の直接交渉で決着をつけることが決められた。

ワシントン会議で中国は、ヴェルサイユ条約で未解決になっていた山東問題を、会議に参加している国々の共通議題として取り上げて欲しいと主張。いっぽう日本は強く反対した。つまり、日本の主張が受け入れられたわけだ。両国間交渉で、中国はドイツ利権を返還せよと日本側に迫った。日本は膠州湾の租借地を返還することに同意したが、膠済(山東)鉄道については中国に買い取らせ、鉱山についても日中合弁として共同経営することを認めさせた。

日中交渉では二十一カ条の要求に関しても話し合いがなされた。中国は廃止を求めたが、米英など他国の支持を得られず、日本が多少の譲歩をしただけで、逆に中国側が二十一カ条の要求を受け入れる形に終わった。

翌年3月に結ばれた**海軍軍縮条約**は、ワシントン会議の目玉だった。米・英・日・仏・伊の間で、主力艦保有量の制限が取り決められた。**主力艦を保有する比率**は、**米5・英5・日3・仏1・67・伊1・67**とされた。海軍軍令部や野党の憲政会は、対米英に対して7割は確保せよと要求していたが、全権の加藤友三郎海軍大臣はそれを押さえて対英米6割で妥協し、条約に調印した。ただ、6割で引き下がるかわりに太平洋に散在する軍事基地、軍備を現状維持とすることを要求、これを各国に受け入れさせた。これによって太平洋でアメリカが軍事力を増強することができなくなり、日本にとっては悪い取引ではなかった。なお、海軍軍縮条約では、現在造っている戦艦もあわせ、全部で65隻（180万トン）もの艦を廃棄処分し、以後10年間は主力艦は造らないことが盛り込まれた。

このようにワシントン会議では新しい国際秩序がつくられ、大幅に海軍力が削減され、日本の大陸膨張策にストップがかかり、太平洋および東アジアに平和安定がもたらされたのである。この**国際協定による各国の協調体制をワシントン体制**と呼び、**1920年代の約10年間は、おおむねこの体制が堅持**された。

協調外交を展開した幣原喜重郎

原内閣を継承した高橋是清内閣が倒れた後、ワシントン会議の全権だった**加藤友三郎が内閣を組織**するが、彼はワシントン体制を守ってシベリアから撤兵するなど協調外交を展開、国内にあっては海軍軍縮条約に従って**海軍軍縮を断行**、さらに**陸軍の兵力削減もおこなった**。こうした路線は次の山本権兵衛内閣にも引き継がれ、さらに憲政会の加藤高明が閥族の清浦奎吾内閣を倒して護憲三派（憲政会、政友会、立憲国民党）内閣をつくると、ワシントン会議の全権の一人であった**幣原喜重郎**を外務大臣に迎えて協調外交をおこなわせ、続く第1次若槻礼次郎内閣でも幣原は外相として活躍した。

幣原喜重郎は、堺県茨田郡門真村（現大阪府門真市）の豪農新治郎の次男として生まれた。東京帝国大学を出て農商務省に入り、明治29年（1896）に外交官及領事官試験に合格して外務省に入った。そして仁川領事館員をはじめとして各領事館員を歴任、米大使館参事官をへて大正3年（1914）にオランダ公使に就任、翌年、**第2次大隈重信内閣のとき外務次官**をつとめた。大正8年に**駐米大使**となり、先述のとおり、海軍の軍縮を話し合うワシントン会議では全権委員として加藤友三郎首席全権を補佐して軍縮交渉をすすめ、この功績により翌年、男爵を授けられている。

幣原は、中国をめぐる米・英との対決を極力さけ、中国における日本の利権維持ははかるが、それはこれまでのように**軍事力で恐喝するのではなく、穏やかに円満なやり方で、中国市場へ進出していく**という手法を用いた。また、**中国の主権を尊重し、内政に干渉しないという方針も貫いた**。彼は以後、歴代内閣の外相をつとめ、数年間こうした外交を展開したので、この協調外交を**幣原外交**と呼ぶ。

ただ、これで完全に日中関係が安定したわけではなく、大正13年（1924）には上海を中心に大規模な反日運動が発生しているし、大正15年にも上海で、**日本系資本の紡績工場**（これを**在華紡**という）**の解雇問題から中国人労働者の死傷事件が起こっている**（五・三〇事件）。1920年代後半になると、**幣原外交に反発した関東軍が、**

満州の軍事制圧をたくらんで張作霖爆殺事件を起こすなど、状況は悪化していった。

シベリア出兵以後険悪になっていたソ連との関係だが、前述のように大正14年に**日ソ基本条約**を結んで正式に国交を樹立したが、シベリアから撤兵した後も、日本は北樺太に兵を置いていた。幣原はここから撤兵することを条件に、**北樺太の油田を開発する権利**(半分だけ)を獲得した。

だが、軍部や野党の政友会などからは、幣原の外交は軟弱外交だと激しい非難を浴びた。

金融恐慌によって若槻内閣が瓦解すると、立憲政友会の**田中義一**が首相と外相を兼任して**強硬外交に転じた**。しかし張作霖爆殺事件で田中内閣が倒れると、民政党の**浜口雄幸**内閣のもとで幣原は外相として復帰、再び協調外交をすすめ海軍軍令部の反対を退けて首相とともに**ロンドン海軍軍縮条約に調印した**のである。

浜口内閣の決定に、**軍部は統帥権の干犯だと強く反発**、ついに浜口首相は右翼によって狙撃されてしまう。このとき幣原は臨時首相代理に就任し、あくまで協調外交を貫く姿勢を崩さなかった。浜口内閣退陣後、民政党の**若槻礼次郎**が第2次内閣を発足させるが、幣原は引き続き外務大臣をつとめた。しかし、この頃から軍国主義が急速に台頭、やがて関東軍が暴走して満州で軍事行動を開始する。世にいう昭和6年（1931）の**満州事変**である。

これにより、幣原の協調外交も終焉を迎えることになった。

コレ、大正に始まりました

軍縮を実現できた時代がある

24
経済

第一次世界大戦がもたらした空前の好景気・大戦景気

大正4年
▼
大正8年
1915〜19年

将棋の「歩」が、相手陣地で「金」にかわることを**成金**というが、**日露戦争後から株売買や商売に成功して富豪になった人のことをそう呼ぶ**ようになった。

そんな成金が続出するのは、第一次世界大戦の勃発の翌年のことである。日本経済が空前の好景気となったからだ。どうしてヨーロッパでの大戦が日本に好景気をもたらしたのだろうか。

そのあたりをわかりやすく解説していこう。

じつは、第一次世界大戦がはじまってしばらくは、日本経済は悪化していた。当時の日本は、工業製品の多くをヨーロッパ諸国に依存していたので、大戦による経済的混乱で、依存している商品がヨーロッパから入ってこなくなってしまったからだ。このため輸入品に頼っていた企業は、品薄による値上がりのため打撃をこうむった。

また、ヨーロッパへ原料や品物を輸出していた日本企業も、ヨーロッパ社会の機能マヒで輸出がうまくいかなくなり、輸出量が激減して痛手をこうむったのである。さらに、戦争で為替相場も大混乱を来し、なおかつ大正3年（１９１４）は米が大豊作だったことで米価が下落、さらなる経済の悪化を招いた。

ようやく日本経済が好転してくるのは翌大正４年の夏からであった。世界大戦がさらに拡大したことで、ヨーロッパ社会で軍需品が不足し、**同盟国のイギリスやロシアなどが日本の企業に大量に品物を発注**するようになったのだ。これにより、まず軍需産業が活況を呈した。武器だけでなく、**軍服や軍靴などの注文が殺到**した。軍靴を製造しているある会社は「作業時間は昼夜兼行で、全部の職工を昼間、夜間の両勤務に分けて全く徹夜の有様であるが、それでもなお充分でない」（「中外商業」大正4年9月24日付『大正ニュース事典』）という状態だった。

一方で、ヨーロッパに依存していた工業製品の輸入が途絶えたことで、国内の企業は代替品をつくりはじめた。とくに敵国ドイツに依存していた化学肥料・薬品・染料といった**化学工業が勃興**し、飛躍的な増産が始まった。

政府もそうした企業を支援し、税を免除したり、援助金を下付したり、損失補塡をおこなったりした。その結果、日本の重化学工業はこの時期、工業生産額のおよそ3割近くを占めるようになった。

軍需品を中心とするヨーロッパ市場への輸出にくわえ、**中国・アジア市場への輸出も急増**した。それは、これまで同市場を牛耳っていたヨーロッパ諸国が、本国の戦争で市場からの撤退を余儀なくされたから。それにかわって、日本が同市場の要求を満たし、**ヨーロッパ製品にとってかわった**のだ。主に綿糸や綿製品が輸出の中心になった。

また、日本と同じように大戦景気で元気になった**アメリカへの輸出も増加**した。とくに生糸の伸びが著しかった。日本産の質の良いシルク（生糸）の多くが、女性のストッキングに使用されたという。

戦争の影響により、**世界的に船舶が不足**したので、**海運業と造船業も活況**を呈し、**船成金**が続々と誕生、日本は**世界第3位の海運国**にのしあがった。船をつくるためには鉄が必要なこともあり、鉄鋼不足となったので**八幡製鉄所が拡張**され、**満鉄も鞍山**《あんざん》**製鉄所を設立**（１９１８年）した。こうした重化学工業の発展によって、工業用動力需要も拡大の一途をたどり、**電力不足をおぎなうため水力発電など電力業も発展**した。大正４年には猪苗代―東京間の送電に成功し、長距離送電網が整備されていった。

日本は、日露戦争で膨大な借金を外国から背負ってしまったが、いかに景気がよかったかは、大戦のはじまった大正３年に11億円もの債務（国家の借金）を背負っていた日本が、戦後の大正９年には27億円以上の債権国になったことでもわかる。労働者の数も大正３年に85万人だったものが、大正８年には147万人というように２倍近い伸びをしめした。

このように**第一次世界大戦の翌年から４年間、日本国内では空前の好景気が続いたが、これを大戦景気**と呼んでいる。

大正といま、ココが同じ

戦争が起こると儲かる人が出る

25

経済

大戦景気における成金の極楽生活

大正4年
▼
大正8年

1915～19年

第一次世界大戦では、多くの成金が生まれ、さまざまな伝説を残していった。

有名なのは**内田信也**《のぶや》だろう。内田は三井物産船舶部の社員だったが、大戦がはじまると船が今後不足するだろうと考え、退社して大正3年（1914）12月に**内田汽船会社**を立ち上げた。そして一隻の汽船を借りて操業をはじめたところ、内田の読みどおり、まもなく**深刻な船舶不足**となり、**船の賃料は10倍以上に**はねあがった。そこで内田は船を又貸しして儲け、その金で汽船を買うといった手法で**持船を16隻まで増やし**、たった数年の間に巨利を得た。

創業からわずか1年後、内田汽船会社は**株式の配当金60割と新聞広告で決算報告を公開**し、世の中を驚かせた。内田本人もたった1年間で200万円を手にする富豪となり、翌6年には会社の資本金50万円を1000万円に増やしている。さらにその後、7000万円を有する大金持ちになった。2万円ではじめた会社の資産も6000万円に膨れ上がった。

ちなみに時事新報（大正4年12月24日）の電話インタビューで、内田は自分が商売を始めた理由を次のように語っている。

「僕は学校に居た時から、村井吉兵衛氏が巨万の富を作った、それがあの人の三十歳を越したばかりの時であったが、僕はその当時、この世の中にはいかに秩序立って居るとしても心掛け一つで、その年頃になったらあのくらいの仕事をするのは不可能でない」（『大正ニュース事典』）

そんなふうに学生時代から、若くして富豪になった村井吉兵衛に憧れ、大志を抱いていたのである。

村井吉兵衛は「**たばこ王**」と呼ばれた実業家で、西洋の紙巻き煙草に目をつけ、独学で製造方法を学んで販売を始めた。のちに**アメリカ大手のたばこ会社と合弁会社を設立**、工場を機械化し大量生産をおこない、斬新な宣伝を用いて大富豪となった人物。代表的な銘柄として「サンライス」や「ヒーロー」がある。明治37年に政府が煙草専

和田邦坊作『成金栄華時代』（画像提供：灸まん美術館）

売法を施行し、民間企業は製造・販売ができなくなったが、吉兵衛は**アメリカの政財界を巧みに動かし、巨額の賠償金を獲得した**。そして、その資金を元手に**村井銀行や村井本店を設立**、石油、石炭、農場、汽船、貿易、製糸など多角的な経営を展開した。

内田信哉が富豪になった大正時代も存命で、このインタビューの一月前に村井は勲三等瑞宝章をもらっている。

急に金持ちになった成金の多くは、豪遊やぜいたくをしたがるものだ。内田も**5千坪の敷地**を買い、**百畳敷きの大広間を持つ須磨御殿と呼ぶ大邸宅**をかまえた。そこに政治家や実業家たちを招き、豪勢な接待をしたという。

このようなケースは、内田に限らず、当時の成金の大半がそうだった。内田と同じく船で儲けた**山本唯三郎**という人は、なんと**200名を引き連れて朝鮮へいき、大々的に虎狩りをおこない、捕らえた虎の試食会**まで開いたという。まったく豪快な趣味である。この試食会には渋沢栄一も参加しているが、それにしてもいったい虎はどんな味がするのだろうか。

大正8年7月、内田が老母と列車に乗っているとき、その列車が事故で転覆してしまい、外へ出られなくなってしまった。このとき内田は「俺は神戸の内田だ。金はいくらでも出す。助けてくれ」と叫んだという。真偽については諸説あるが、成金らしいエピソードだ。

しかし、大戦が終結し、不況のきざしが見えてくると、**内田は所有する船舶をうまく売却**し、**破綻を免れている。**

先の大正4年12月の電話インタビューを見ると、すでに絶好調のときから内田はその準備をしていたことがわかる。

「一朝欧州の戦乱が治まって、海軍界の状況が非常に変化して、今日までの反動で吾々にどんな大打撃を与えぬとも限らないから、今日からその時に処する途を講究して置き、充分それに備えて、永遠に世界的の大活動を見たいと思って居る」(前掲書)

言うのはたやすいが、実行するのは難しい。「まだ大丈夫だ」と思い、そのまま商売を続けたくなってしまうからだ。事実、ぼろ儲けして人生を謳歌した成金たちは、世界大戦が終わってもそのまま事業を継続し、結局、戦後恐慌のあおりをくらって、そのほとんどは没落してしまった。

まるで平成時代のバブル崩壊と重なって見え、歴史に学ぶことの重要性がわかる。

ちなみに内田信也は、その後は政治家に転身し、衆議院議員となり、鉄道大臣や農商務大臣をつとめ、第二次世界大戦後は、第５次吉田茂内閣の農林大臣になり、90歳の長寿をまっとうした。

大正といま、ココが同じ——成金を維持し続けるのは案外むずかしい

26
社会運動

なぜ大正時代は、デモクラシー的な雰囲気が広まったのか？

大正7年
▼
1918年〜

大正デモクラシーという言葉は、後世につくられた用語だが、確かに民主的な雰囲気が広まったことは確かである。その要因の一つに、当時の国際世論があった。

大正7年（1918）年11月、ドイツが降伏して4年間続いた第一次世界大戦が終わり、講和会議が翌年1月からパリで開かれた。日本は戦勝国としてこの会議に出席した。全権は、西園寺公望ら5名である。

会議の結果、パリ郊外の**ヴェルサイユ宮殿**で**講和条約**（ヴェルサイユ条約）が結ばれた。これによってドイツは、すべての植民地を奪われたうえ、領土の一部も取られ、多額の賠償金を支払うことになった。また、二度と戦争を起こさないよう、軍備を著しく制限された。

講和会議の席ではアメリカ大統領**ウィルソン**が、**国際平和**と**民族自決**をとなえ、さらに**国際平和を維持する機関**の必要性を主張した。この主張は、世界に大きな影響をあたえた。長年の大戦争で多数が犠牲になり、さまざまなものが破壊された。そうした悲惨な戦争を二度とおこしてはならぬという風潮が、ウィルソンの提唱する国際平和のための体制構築を一気に後押しすることになり、先述のとおり、外交も国際協調を重視する時代に入り、大国の軍縮も実現していった。

また、国家間の紛争を解決し平和を維持する世界機関として、**国際連盟**が大正9年に誕生した。**日本**は、その**常任理事国**となった。ただし、国連創設を提唱したアメリカは、議会の反対で連盟に参加しなかった。

ウィルソンのとなえた民族自決だが、この言葉は「各民族が、自己の政治組織または帰属を、他の民族や国家によって干渉されることなく、自ら任意に選択し決定すること」（『広辞苑』岩波書店）という意味である。つまり、植民地や他国に併合された民族、他国から搾取されている国家・民族は、そうした**不当な支配をはねのける正統な権利をもつ**ということだ。

こうしたウィルソンの主張は、他国から圧迫されている人々を喜ばせた。そしてこれを機に、各地で独立運動が起こるようになった。

日本に併合された**朝鮮半島**も例外ではなかった。大正8年3月1日、ソウルのパゴダ公園で、独立宣言を朗読する集会が開かれたが、これをきっかけに半島全土に独立を求める運動が広がっていった。これを**三・一独立運動**あるいは、万歳事件という。朝鮮の人々が独立万歳を叫んでデモ活動を展開したからである。

しかし日本政府は、軍隊や警察、憲兵などを動員して独立運動を押さえつけ、決して朝鮮の独立は認めなかった。ただ、これまでの強圧的な支配のやり方を反省し、朝鮮総督になれる資格枠を現役軍人から文官にまで広げた。また、憲兵警察を廃止したのも譲歩だといえる。ちなみに憲兵というのは、軍隊の警察制度で、軍隊内部の犯罪を摘発するのを目的に誕生したが、とくに朝鮮憲兵隊は、現地でひどい民衆弾圧をおこなったので、朝鮮人の憎悪の的になっていた。

ところで、パリ講和会議で日本が獲得したかったのは、ドイツから奪った**山東半島の利権と南洋群島**（赤道以北）である。南洋群島のほうは**委任統治**ということで簡単に支配権を認められたが、山東半島のドイツ権益についてはかなりもめている。戦勝国として講和会議に参加していた**中国が、山東半島の利権を日本に渡すことを拒み、利権を中国に返還**してほしいと要求したからだ。

はじめ、日本の中国進出を嫌うアメリカも、中国の主張に理解を示す態度をとったが、日本は断固、山東半島の権益獲得の主張を譲らず、聞き入れられなければ会議の席を離脱する動きをみせた。そのためアメリカも日本の主張を受け入れ、**山東半島のドイツ権益は、日本が受け継ぐことに決まった**のである。

中国政府はこの決定に怒り、**ヴェルサイユ条約に調印しなかった。**中国が調印を拒否したのは、国内情勢の混乱も大きく関係していた。大正8年5月4日、北京で学生約3000人が「二十一カ条の要求破棄」「山東半島の利権返還」「講和条約の調印拒否」を求めるデモ活動をおこない、警官隊と衝突して数十名が逮捕された。これをきっかけに、各地で街頭演説、デモ行進、労働者のストライキなどが続発し、さらに日本商品のボイコット運動、排日運動が広がっていった。これを**五・四運動**と呼ぶが、こうした国内の圧力が中国政府をして調印を拒否させたのである。

いずれにせよ、パリ講和会議、ベルサイユ体制、ウィルソンの主唱などが大きな影響を与え、アジア・太平洋地域でも、別項で述べたようにワシントン体制が確立され、日本社会の間でも弱者が声を上げ、正当な権利を主張できるような雰囲気が醸成されていくのである。

大正といま、ココが同じ
戦争の経験は平和を希求させる

27
社会運動

大正時代における労働運動と小作争議の盛り上がり

大正9年
▼
1920年～

大正時代は、それまで声を上げてこなかった人びとが自分たちの正当な権利を主張し、大々的に運動を展開するようになっていった時期でもある。

大正9年（1920）5月2日（日曜日）、**日本ではじめてメーデーが挙行**された。

そもそもメーデーというのは、**毎年5月1日に実施される労働者の国際共同行動の日。**

メーデーは、明治19年（1886）にアメリカでおこなわれたのがはじまりである。労働者たちが同年5月1日を**1日8時間労働を要求する**国際デモンストレーションを実行する日と決めたのだ。

日本の第1回メーデーは、上野公園で開催され、約5000人の参加者を集めて**8時間労働制**、**最低賃金法制定**、**失業防止**、**公費教育の実施**などを決議した。これ以後メーデーは全国各地に広がり、参加者も急激に増えていった。

第一次世界大戦の好景気（大戦景気）で各企業が事業を拡大したことで、賃金労働者が爆発的に増加したが、その多くは低賃金だったので、物不足による物価高の進行で生活は苦しくなる一方だった。そのため賃金アップと待遇改善を求めて労働運動に参加する人々が急増、**労働争議**が増えていく。

労働争議とは、労働条件に関して労働者と使用者（会社側）の間に起こる争いをいう。使用者の権力に少数で立ち向かうのは困難なため、労働者たちは労働組合を結成して交渉を展開していった。

ただ、日本の労働運動は大正時代に始まったわけではない。明治時代中期、産業革命によって労働者数が増えてくると、労働組合を結成する職場が現れ、ストライキが見られるようになった。

日清戦争後の明治30年（1897）には40件をこえるストライキが全国で発生している。同年には**高野房太郎**、**片山潜**らによって**労働組合期成会**がつくられた。アメリカの労働運動に影響を受けた彼らは、労働組合の結成を促進するためにこの会を立ち上げたのである。

労働組合期成会の指導によって、**日本鉄道矯正会**、**活版印刷工組合**などの**労働組合**

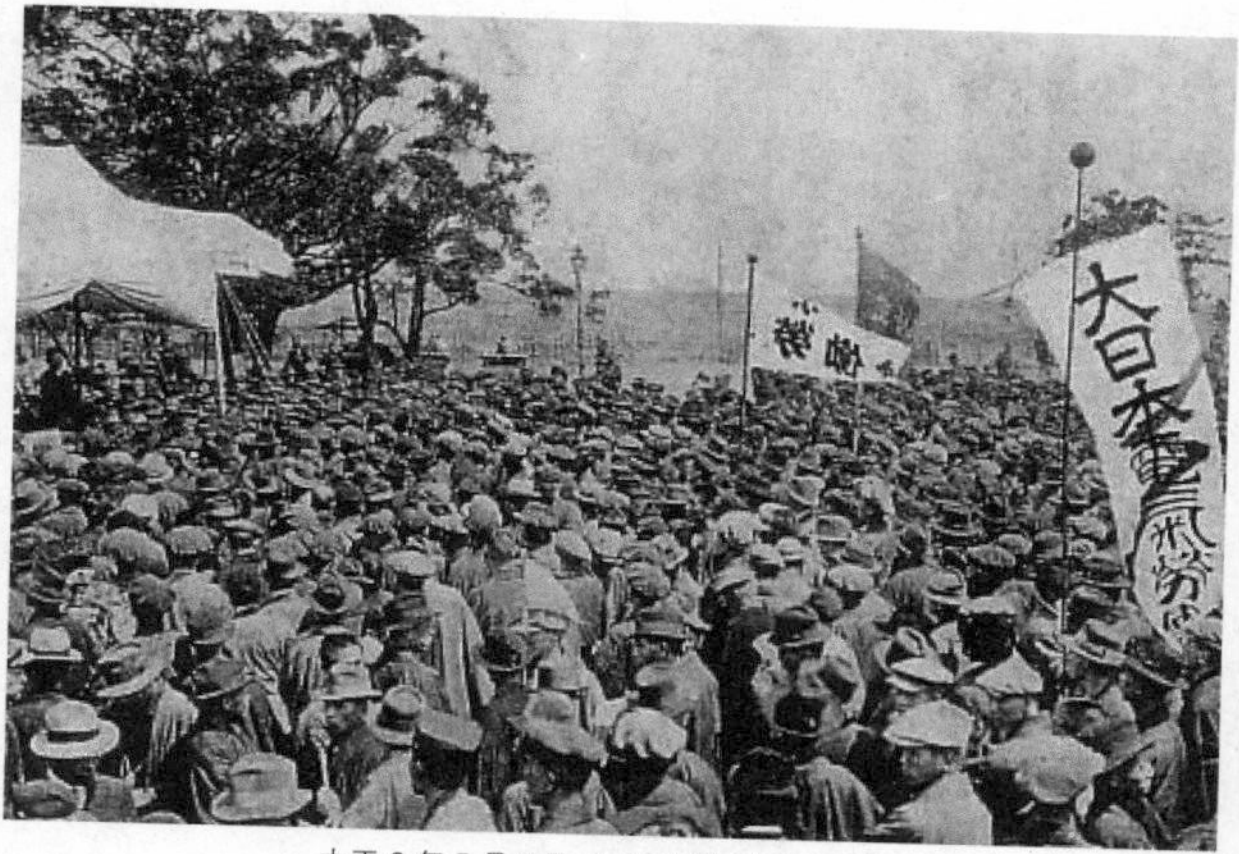

大正９年５月２日、日本の第１回メーデー

が**誕生**していった。ただ、当初は組合員の多くが、重工業に従事する比較的待遇の良い男性熟練工たちだった。

　労働運動では甲府の**雨宮製糸のストライキ**（１８８６）、大阪の**天満紡績のストライキ**（１８８９）などが発生したが、本格的に始まるのは日清戦争後で、明治36年には埼玉県入間郡の製茶工場で工女たちが賃金値上げを要求してストライキを敢行、工場主に昇給を認めさせている。

　こうした労働運動を抑えるため、政府（山県有朋内閣）は**労働者の団結権・罷業権**（ストライキ）を制限する

治安警察法（1900年）を定めた。

ただ、この治安警察法は、労働運動の取り締まりより、社会主義運動の弾圧に力を発揮した。じつは、当時の労働運動は、社会主義運動と密接に結びついていた。

社会主義というのは、財産は公平に分配し、階級や貧富の差がない平等な社会を目指すもの。

まさに財産を持たない労働者にとっては有り難い考え方で、当時は、社会主義の立場から資本家階級に抵抗して労働者の権利を守ろうというのが労働運動の主流だった。

大正10年（1921）、**日本労働総同盟**という労働組合の全国組織が誕生する。もともとは大正元年に社会主義者で労働運動家の**鈴木文治**が、労働者階級の地位向上と労働組合の結成促進を目的に結成した友愛会が母体になっている。その後、友愛会は大日本労働総同盟友愛会と改称、1日8時間労働や最低賃金制の制定などを求めて活動をおこなうが、この頃から労使協調主義をやめ、階級闘争主義へと大きく方向転換し、労働運動の中心となっていった。

大正時代、農村では生活苦から**小作料の引き下げを地主に要求する小作争議**が各地で続発した。大戦景気で農産物の値段が上昇したが、それとともに小作料も上がったので、小作人の生活は楽にならなかったからだ。小作争議は、各地で結成された小規模な**小作人組合**が主体になってバラバラにおこなわれていたが、大正11年、小作人組合の全国組織として、**杉山元治郎・賀川豊彦**らが**日本農民組合**を創設し、全国の小作争議を指導していった。本部は大阪に置かれ、機関誌『土地と自由』が発行され、大正14年に組合員数は7万2000人まで増加した。以後小作争議は、日本農民組合の誕生で、ますます大規模化し戦闘的になっていく。また同組合は、無産政党の農民労働党を結成していくが、その後内部対立が激化してしまうが、昭和3年（1928）になると、全国農民組合として再結集された。

コレ、大正に始まりました

長時間労働の是正や最低賃金の制定要求は第1回メーデーから

28
社会運動

社会主義・共産主義の復活

大正9年
▼
1920年〜

労働運動や小作争議のリーダーの多くが社会主義者や共産主義者だった。

ただ、日本は資本主義社会だったし、社会主義に含まれる階級の否定や人間平等主義は、天皇制の否定につながる。だから政府にとっては受け入れがたいものだった。

日本で社会主義が勃興したのは、明治31年（１８９８）に**片山潜**、**幸徳秋水**、**安部磯雄**らが**社会主義研究会を組織**したのがはじまり。さらに彼らを中心に、労働者階級を中心とする社会をつくろうと、**日本初の社会主義政党である社会民主党を結成**した。

この党は「人類平等、軍備全廃、土地・資産の公有、普通選挙の実施、階級制の廃止」といった目標をかかげたが、**治安警察法によって即日政府から解党を命じられた**。

この後、幸徳秋水、堺利彦らは、新聞『**万朝報**』で日露戦争前から非戦・反戦をとなえ、『万朝報』が主戦論に転じると、退社して**平民社**を設立、『**平民新聞**』を発行して戦争反対を訴えた。

日露戦争後、国民の間に国家主義に対する疑念が生まれ、社会主義へ流れる現象が起きた。明治39年には**日本社会党**が結成された。「憲法の許す範囲内で社会主義の実現を目指す」と明言し、当時の内閣が立憲政友会の西園寺内閣だったこともあり、政府に容認された。しかし翌年の第2回党大会で、日本社会党は**議会政策派**（片山潜ら）と**直接行動派**（幸徳秋水ら）**が対立**、**直接行動派が主導権**をにぎった。議会政策派は、党から衆議院議員をおくり、議会活動を通じて合法的に社会主義運動をすすめようと考えた。いっぽう直接行動派は、ストライキを決行するなど労働者の直接的な行動に期待した。このため政府は、翌明治40年に日本社会党に解散を命じた。

翌明治41年、**堺利彦**、**荒畑寒村**、**大杉栄**ら直接行動派が路上で赤旗（社会主義のシンボル旗）をふって逮捕された。なんとこの赤旗事件で、ときの西園寺内閣は、社会主義者への対応の甘さを山県有朋などの官僚勢力に攻撃され、明治天皇も不快感をあらわにしたため総辞職してしまっている。

次の第2次桂太郎内閣は、**管野スガら４名が明治天皇暗殺を企んだことが発覚**すると、これを機に社会主義者を根絶やしにしようと、多数の社会主義者・無政府主義者を検挙し、そのうち26名を逮捕・起訴。事件に関係のない者がほとんどなのに、全員を有罪とし、明治43年に12名を処刑した。主犯とされた幸徳秋水は、計画は知っていたものの、関与していなかったのに死刑となった。完全に政府のデッチ上げだが、隣国のロシアでは社会主義革命が起こりつつあり、これから7年後、ロシア帝国は崩壊しソ連が誕生、このおりロシア皇帝一族は虐殺されている。

ともあれ、この**大逆事件**で社会主義運動は壊滅的な打撃をうけ、以後、第一次世界大戦がはじまるまでの数年間、完全に沈滞した。これを「冬の時代」と呼ぶ。警視庁内には、社会主義者を取り締まるため特別高等課（特高）という思想警察がおかれた。

しかし大正時代に労働運動、小作争議といった社会運動が高まると、大逆事件以来、消沈してしまっていた昔の社会主義者たちが再び活動を再開、それぞれのデモクラシー運動を推進する新しい社会主義者たちと結束していく。大正9年（1920）には**山川均**らが中心になり**日本社会主義同盟**が結成される。

政府はこうした動きに危惧を抱き、同年、東大助教授の森戸辰男の「クロポトキンの社会思想の研究」（論文）をとがめ、休職処分にした（森戸事件）。また日本社会主義同盟を解散させている。

しかし、こうした弾圧にもかかわらず、この時代はマルクス主義（共産主義）が知識人の間に浸透していった。

大正11年には、堺利彦と山川均らによって非合法（国家には認められていない）のうちにコミンテルンの支部として**日本共産党**がつくられ、次第に共産主義は労働運動をはじめ、女性解放運動、部落解放運動、普選運動などの社会運動にも影響をおよぼすようになった。

こんな状況だったので、閥族などは普通選挙によって社会主義者・共産主義者が当選してくることを恐れ、治安維持法の制定を求めたというわけだ。

大正といま、ココが同じ

思想にも流行がある

29
技術革新

街を自動車が走る時代

大正7年
▼
1918年～

別項でも少し触れたが、大正時代は新しい交通手段として**自動車が普及**した。大正3年（1914）3月16日の「時事新報」の記事によると、中央官庁だけでなく富豪や会社も自動車を所有しはじめ、東京では官庁用を除くと350台ほどが稼働していると記されている。これは7年前の19倍になるそうだ。

さらに大正7年になると、法改正によって**東京市内でバス**（乗合自動車）と**タクシー営業が認められる**ことになり、新会社の設立が決まった。

東京朝日新聞（大正7年7月26日付）には、「乗合自動車百八十台、貨物自動車二百台と、タクシーのような単純乗客用自動車百台は米国もしくは内地にて買い入れ、東京及び附近郡部に於ける輸送を営業とし、料金は区域制を以って一区域十銭と定め、また他に約百万円を投じて自動車製造所を新設する計画なり」（『大正ニュース事典第三巻』毎日コミュニケーションズ）とある。

すでに郊外では乗合自動車が走っていたのだが、東京市の理事や市参事会会員などの反対が強く、これまで東京市内では営業が許可されなかった。それがようやく認められたのである。

朝日新聞（大正8年3月2日）には、3月1日の開業日に乗合自動車（バス）に乗車した記者の体験談が載っているので、それを引用して紹介しよう。

「青色に塗られた箱自動車の後部の出入口から悠々と乗り込まうとすると、どやどやと我勝ちに犇《ひし》めき合つて新車掌君頗《すこぶ》る面食ひの態《てい》『満員ですから後に願ひます』と硝子の観音扉をピシヤンと締める、天井が馬鹿に低くて記者の山高は忽《たちま》ちペコンと凹《へこ》んだ、腰を卸《おろ》すと六人の座席が可成《かな》り窮屈だ」（『朝日新聞一〇〇年の記事にみる③東京百歳』朝日新聞社）とあり、6人乗りの狭い箱形の車内であったことがわかる。

運転手は「動きますとも何とも言はず、手を伸ばしてベルの釦《ボタン》を押すとチリリンと鳴つて運転手の把手が廻る、車内に掲げた『喫煙を禁ず』、『他人の迷惑となるべき臭気云々』の規則も電車と異りなく、『車が大きくて骨が折れます』と運転手は右手に警鈴の圧搾管を絶えずブーブーと鳴らす、電車の停車場で麻胡《まご》つく、辻々の荷車に喰

止められる、動揺が甚《ひど》くて試みに本を広げて見ると目がちらつく」（前掲書）

とあるように、馴れない運転に加え、道路状況の悪さがよくわかる。

ところで、国内で自動車が初めて走ったのは、明治31年（1898）2月6日のことである。来日したフランス人のテブネ（ブイ機械製造所の技師）が、4人乗りのガソリン自動車（フランス製のパナール・ルヴァッソール車）で築地—上野間を時速30キロで走るデモンストレーションをみせたのだ。その後、デブネは馬車のような形をしたこの車を競売にかけたが、価格面で折り合わずに落札されなかった。

2年後の明治33年、警視庁は交通法規「道路取締規則」を定め、**車**（馬車や牛車）**は車馬道**（現在の自動車道）**の左側を走ること**、車馬通のない道路は中央を走行することとした。これが左側通行の端緒であろう。一説にはこの年、日本で初めて交通事故が起こったとされる。皇太子（のちの大正天皇）と九条節子とのご成婚にあたり、アメリカ在住の日本人たちが電気式四輪車を贈呈したが、運転手が自動車の試運転で東京の三宅坂を走っているとき、操作を誤り堀に突っ込んでしまったというのだ。

なお、有栖川宮威仁《たけひと》親王は、ドイツ皇太子の結婚式に参列した明治38年、フランス製の自動車を購入したというが、明治後半になると、皇族や富豪が所有しはじめるようになる。有名な人物としては大隈重信、渋沢栄一、三菱の岩崎小弥太、安田財閥の安田善治郎がいる。とはいえ、明治42年の時点で日本全国にはまだ61台の自動車（警視庁に登録されたもの）しかなかった。それが冒頭で述べたように、わずか5、6年の間に東京市内だけで350台になっており、国内での自動車の普及ぶりがよくわかる。

自動車が国民に認知されるきっかけは、明治36年に大阪で開催された第5回内国勧業博覧会だった。入場者は延べ530万人。会場では蒸気車やガソリン車、電気自動車が実演運転され、**博覧会場まで梅田駅から蒸気自動車と電気自動車がシャトル運行**されたからだ。とくにシャトル運行の反響は大きく、以後、乗合自動車（バス）の運行申請が当局に相次いだ。京都では二井商会が営業を開始したが、まだ舗装道路はなく、すぐにタイヤがパンクし、わずか数カ月で廃業に追い込まれた。

明治37年には**国産車**が製造された。岡山の呉服商・森房造が乗合自動車会社を創業するにあたり、山羽虎夫に製造を依頼したのだ。虎夫はイタリア人技師のマンシンの協力を得て蒸気自動車（山羽式蒸気乗合自動車）を製造、約10キロの試運転に成功したものの、タイヤとボイラーが不調で、実用化には至らなかった。しかしそれから3年後の明治40年、今度は東京自動車製作所を創立した吉田真太郎が、逓信省電気技師の内山駒之助に依頼。内山は、輸入したガソリン・エンジンを馬車に取り付け、自動車「タクリー号」を完成させた。タクリー号は十数台製作されたが、車好きの有栖川宮が1万円の奨励金を出している。

エンジンも含めた完全な純国産車は、山田米太郎が試作し、林茂木が明治43年に完成させた「国末号第一号」だとされるが、有名なのは大正3年（1914）に大正博覧会で展示された**小型乗用車「脱兎号」**である。このように、続々と国産車が試作されたものの、性能の面で外車に圧倒的に劣り、大正時代に国内を走っていた自動車は、フォードやGM製ばかりだった。

なお、陸軍は大正時代に陸軍での軍用トラックの利用に着目し、満州で陸軍砲兵工廠で製作したトラックの走行テストを繰り返すとともに、第一次世界大戦の青島攻略に投入し、大きな成果をあげた。そこで民間会社に補助金を出してトラックの製造をさせようとしたが、なかなかうまくいかず、軌道に乗るのは昭和時代になってからで

市電に代わって大活躍した「円太郎」

あった。

ちなみに大正期における自動車の普及に拍車をかけたのが、関東大震災だった。この大地震で東京市内は壊滅し、鉄道も市電も破壊され、車両の大半が焼失してしまう。

まさに廃墟と化した東京だったが、市街地の瓦礫を撤去したり、建物の資材を運ぶために重宝されたのが外国製のトラックだったのである。

また、市電が壊滅したため、これにかわる交通手段として東京市は**乗合自動車**（バス）に着目した。市で800台のフォードの車台（シャシー）を輸入し、乗合自動車（バス）の車体を載せて交通網を復活させたのである。

大正13年11月には「**円太郎**」と呼ばれたその乗合自動車が初めて公開され、市会議員たちが試乗した。**車掌は当時まだ珍しかった女性**であった。

朝日新聞によると「改造された円太郎自動車は外見だけでも甚だ気持がいい、紫紺色のエナメル塗りに大きな窓、緑色のカーテンに包まれたふっくらした丸型の車体である、座席も長さも幅も以前のよりは一尺以上づつ広げられて高さ五尺の十四人乗で車体が前より重い為に弾動が緩やかな上に天井も高く緑色のシートが柔軟なので、荒い街路を走つても今度は心地よい、動揺を味はひこそすれ頭痛や神経衰弱になる心配はなくなる」とあり、大正8年の記事にある乗合自動車とは雲泥の差がある。

タクシーは、明治末年に市内を一律1円で乗せる「円タク」が大阪で流行し、やがて東京でも円タクが走りはじめた。

ともあれ、フォードやゼネラル・モーターズ（GM）は、日本での需要を見て取ると、日本国内に製造会社を設立し、車を組み立てて販売するようになった。昭和3年（1928）には年間2万台以上を生産するようになっている。

いっぽう、自動車の普及で東京市内とその近郊での交通事故も増え続け、大正4年1月22日の朝日新聞には「近来市内、郡部を通じて自動車事故頻々《ひんぴん》として発生し、大正二年中自動車総数四百九台に対する事故、死亡六、重傷二十八、軽傷百九十三なるが、大正三年十一月までには百余台を増加し、総数五百十七台となり、その事故は死亡七、重傷二十九、軽傷百六十四、無傷百三十四件に達し居る有様」（『大正ニュース事典』毎日コミュニケーションズ）と警鐘をならしている。なお、大正9年（1920）には、交通事故による死者は年間104名を出すことになった。

コレ、大正に始まりました

乗合自動車＝バスとタクシー

30

事件・災害

100年前の感染症のパンデミック
——スペイン風邪

大正7年
▼
大正10年
1918～21年

新型コロナウイルスによる感染症が世界を席巻し、なかなか終息しない。およそ100年前、同じような災禍に人類が見舞われている。いわゆる**新型インフルエンザ**の**スペイン風邪**である。当時日本では流行性感冒と呼んでいた。スペイン風邪の名称は、スペインが起源ということではない。最初に大々的にこの感染症を報道したのがスペインだったため、この名が定着してしまったのだ。当時は第一次世界大戦の真っ最中だったので、味方の志気を下げないよう、各国が多数の死者を出しているこの病について報道を控えたため、スペインの報道が結果的に際立ってしまったのである。

スペイン風邪は、世界的なパンデミックとなり、**5億人が罹患**したとされる。これは当時の世界人口のおよそ27％にあたり、**命を落とした人は5千万人から1億人以上**にのぼるのではないかと推測されている。

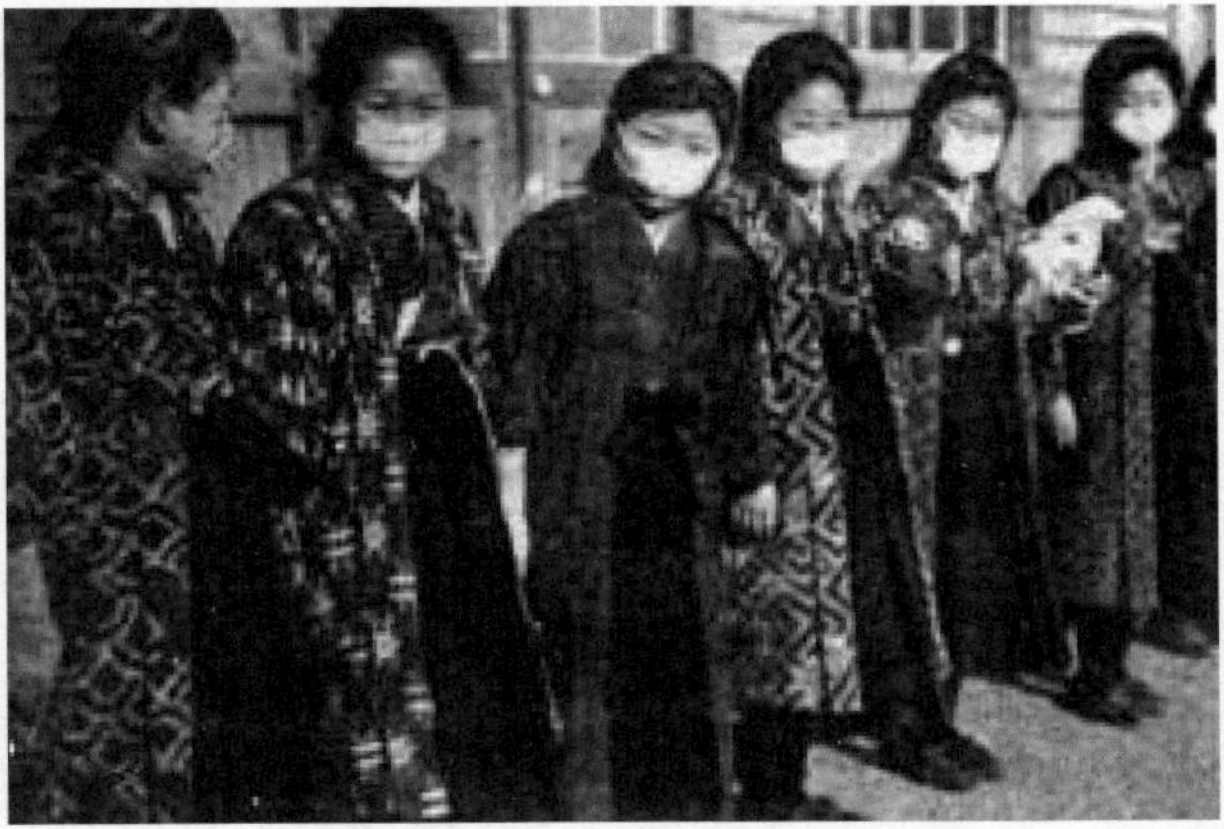

この時代も対策の基本は「マスク、うがい」だった

日本では単なる風邪を普通感冒、季節性のインフルエンザを流行性感冒と呼んでいたが、大正7年（1918）秋に日本に入り込んできたスペイン風邪（流行性感冒）は、大正10年まで大きい3つの流行の波をもたらした。内務省衛生局のまとめ（『流行性感冒』1922年）によれば、国内では約2380万人（総人口の約43パーセント）が発症し、約38万8000人の死者を出したとされる。致死率は1.6パーセントにのぼるが、おそらく現在のようにすぐに医者に行く人は少ないと思うので、内務省衛生局も「実際ノ患者数ハ遥ニ多数ナリシナラン」（前掲書）

と記している。おそらくほとんどの日本人が罹患したものと思われる。

東京朝日新聞（大正8年11月1日の夕刊）には、その症状が詳しく紹介されている。スペイン風邪に罹ると、「最初鼻風邪に始まり鼻が詰まり、両目がショボショボして目脂が出て身体に倦怠を覚え、次いで頭痛を伴なうと同時に咽喉が痛んで多少発熱する」「放置しておくと今度は急に熱が高まり、咳や痰が烈しくなって重態となる」（『大正ニュース事典』毎日コミュニケーションズ）とあり、さらに悪化すると肺炎になるという。中には1年に2回も罹患する者もいるとある。

これを読むと現在の新型コロナウイルスによる感染症の症状によく似ている。

こうして社会に患者が蔓延すると、さまざまなところに大きな影響が出てくる。

とくにいまとは異なるのが、軍隊への影響である。時事新報（大正9年1月10日）の記事によれば、前年冬から次々と兵士たちがスペイン風邪にかかり、22名の死者が出ており、現在も170名の患者がいるとある。また東京朝日新聞（大正9年1月14日）の記事によれば、2万465名が感染し896名が命を落としたという。やはり軍隊は集団生活をしているので、密になってクラスターが発生するのだろう。

政府（主に内務省）としても国民が感染しないよう、さまざまな予防を呼びかけるパンフレットやポスターなどを配布した。

大正8年1月には、『流行性感冒予防心得』を作成している。最初に「はやりかぜは如何して伝染するか」と題し、咳やくしゃみが飛沫となって3～4尺飛び散り、吸い込んだものが罹ると解説し、「罹らぬには」という項目をつくり、以下の四カ条「**病人又は病人らしい者、咳する者に近寄つてはならぬ**」「**沢山人の集つて居る所に立ち入るな**」「**人の集つて居る場所、電車、汽車などの内では必ず呼吸保護器**（ガーゼマスク）**を掛け**、それでなくば**鼻、口をハンケチ手拭などで軽く被ひ**なさい」「塩水か微温湯にて**度々合嗽《うがい》**せよ、合嗽薬なれば尚《な》ほ良し」を挙げ、それぞれ具体的に解説している。さらに「罹つたら」という項目では、「直に寝床に潜り込み医師を呼べ」「**病人の部屋は可成《なるべく》別にし**看護人の外は其の部屋に入れてはならぬ」「治つたと思つても**医師の許しのある迄《まで》は外に出るな**」といった注意事項が書かれている。

大正10年1月6日、内務省衛生局は各府県に「流行性感冒ノ予防要項」を配布したが、これも意訳して適宜紹介しよう。

「感染は、ときおり痰や鼻汁などが寝具や食器、手ぬぐいなどに付着して接触感染することもあるが、主に咳やクシャミなどの飛沫感染による。だから咳やくしゃみをするときは、ハンカチや手ぬぐいで口や鼻を覆うこと。話をするときは3、4尺ほど相手と距離をとる。流行時には演説会、講習会などの会合を見合わせ、電車や劇場、寄席、映画館や集会に行くときはマスクを使用する。理髪業者も仕事中はマスクを使用する」。また、口蓋咽喉の清潔のためにうがいを奨励している。手洗いは明記されていないものの、これを読むと、何だか現代のコロナ対策と大きくは変わらない。

ただ、現在は不織布のマスクが推奨されているが、大正時代には不織布はまだない。また、多くの人びとはマスクを自作していたようで、「マスクハ清潔ナル布片ニテ製シ其ノ厚サハ、ガーゼ六枚ノ程度ヲ標準トスルコト」と作り方が記されており、さらにマスクは口と鼻を完全に覆うような大きさにすること、時々取り替え、汚れたマスクは煮沸・洗濯して常に清潔を保つこととある。ただ、ガーゼ6枚はさすがに息苦しいのではなかろうか。

内務省衛生局は、『流行性感冒』（1922年）の中でマスクの効用に関する国内外のさまざまな研究を紹介している。たとえばサンフランシスコでは、マスクの着用義務を法令で課したが、「到底一般ニ実行セラレサルヘシトノ予期ニ反シ、一般ニ用ヒラレタリ、然ルニ本病ノ防過ニ向ッテハ何等ノ効果ヲ見ザリシ」とのカリフォルニア州衛生局の発表したケロッグ氏の調査を紹介する一方、広島各部隊での流行性感冒の蔓延期にマスクを「厳重ニ使用セル部隊程患者発生少ク、且ツ一般社会ヨリ軍隊ニ少カリシハ、マスク使用ニ其因スルナラン」という皆川弘一氏の研究も併記している。結局、十分な大きさのマスクで正しい付け方をして口と鼻を覆えば、飛沫の吸入を防ぐことができ、効果はあるとしている。こうみると、スペイン風邪予防の対策が、いまの新型コロナウイルスによる感染症のそれとほとんど変わらないことがよくわかるだろう。

大正といま、ココが同じ

流行性感冒対策は、マスク、うがい、ディスタンス

31

文化・芸能

スペイン風邪が社会に与えた衝撃は？

大正7年
▼
大正8年

1918〜19年

新型コロナウイルスはたびたび流行の波が来てなかなか終わりを見通せないが、**スペイン風邪はおよそ2年ちょっと、第3波で終息**した。ただ、前項で述べたように、この感染症で約39万人近い命が失われたとされる。病院に行かない人の多かったこの時代、実際の犠牲者はさらに多いはず。

少し前項で触れたが、社会にも大きな影響が出ている。続々と休校する学校が出始め、さらに大正7年10月26日の段階で、時事新報（夕刊）は、**中央郵便局では70名、神田郵便局では局員130名中35名が罹患、中央電信局**（電話）**でも800人中135名が発症**して通信事務が滞りがちになり、鉄道でも機関手や車掌などに患者が続出、**運輸局では局員の1割が欠勤**。「電話も郵便も鉄道も、あらゆる交通機関がついに途絶しないかと云う事は、あながち杞憂ばかりではなくなった」（『大正ニュース事典』毎日コミュニケーションズ）と報じている。

また、マスクだけでなく、熱冷まし用の氷が不足して値上がり、死者の増加で大阪市の火葬場では、遺体の火葬が間に合わなくなっている。さらに火葬場の作業員がスペイン風邪に罹患し、ますます手が足りない状況となった。

コロナ禍では短期間でワクチンが製造されたが、スペイン風邪のときも、各県、各社で次々にワクチンが開発されていった。すでにインフルエンザ菌は発見されていたが、これについては医学界で賛否両論があり、確定されたわけではなかった。発見者は、コッホ研究所のプファイフェルである。もちろん、インフルエンザはウイルスが原因なので、これは誤りなのだが、コッホの弟子である**北里柴三郎**は、この学説にもとづいて北里研究所で**ワクチンを開発**した。いっぽう、これに対し**伝染病研究所が強く反発**。とはいえ、伝染病研究所でも**混合ワクチンを開発**している。いずれせよ、このとき多種多様なワクチンがつくられ、多くの国民に投与されたのである。もちろん効き目などあろうはずはないが、効果があるとした科学論文が多く出された。

さて、スペイン風邪では有名人も多く命を落としている。日本銀行本店や東京駅を設計した**辰野金吾**、岩倉使節団の女性留学生で津田梅子の女子英学塾を支えた**大山捨松**、野口英世の**母・シカ**、明治天皇の侍従長で西園寺公望の実兄・**徳大寺実則**などだ。特に世の中に衝撃を与えたのは、**島村抱月**の死である。ただ、話題になったのは抱月の死を悲しんで**女優の松井須磨子**が後追い自殺したからだった。

島村抱月は東京専門学校（早稲田大学）で坪内逍遙に学び、新聞記者を経て逍遙の招きで母校の教師となり、師の逍遙と**文芸協会**（主に演劇活動をする団体）を立ち上げた。

松井須磨子は、22歳のときに文芸協会の演劇研究所第1期生となり、2年後の明治44年、第1回公演の『ハムレット』でオフェリア役を演じ、さらに同年の第2回公演のイプセンの**『人形の家』**で主人公ノラを演じて一気に人気女優となった。**『人形の家』を翻訳したのは島村抱月で、演技指導をするなかで須磨子が妻子ある抱月に惚れ、二人は不倫関係に陥った。これを知った逍遙は、看板女優だった須磨子を追放、やがて居づらくなった抱月も文芸協会を去り、大正2年（1913）に芸術座（劇団）を発足させる。翌年にはトルストイの小説を原作に抱月が書いた『復活』が大ブレークし、劇中で須磨子が歌う『カチューシャの唄』が空前の大ヒットとなり、女性のあい**

スペイン風邪で死亡した島村抱月（左）と後追い自殺をした松井須磨子（右）

だで、須磨子が劇中で着けた髪飾りが「カチューシャ」と名付けられ、大人気となった。

しかし大正7年11月5日、抱月はスペイン風邪に罹患して47歳の若さで亡くなってしまう。すると須磨子も、それからちょうど2カ月後の翌大正8年1月5日、後を追ったのである。

当時の東京日日新聞の報道によると、すでに死を決意した須磨子は、前日の夜、女中や書生、甥を寝かせた後、坪内逍遙夫妻、伊原敏郎先生、兄らに遺書を認《したた》め、大島の二枚重ね白羽二重に友禅模様の襦袢をつけ美しく化粧をしたあと、芸術座倶楽部の道具部屋へ行き、梁《はり》に緋縮緬《ひぢりめん》の帯をかけた。そして、テーブルの上に椅子を置いて、須磨子はその上に載り、帯を首にかけ、椅子を倒して首をつったのである。朝8時に女中の亀里いせが、須磨子の居室前に赤緒の草履がないことを不審に思い、彼女を探したところ、道具部屋で自殺しているのを見つけたのだ。

抱月が亡くなるさい、須磨子は一緒に死ぬ約束をしたといい、この2カ月間は「早く死にたい」と泣き暮らし、わがままも影を潜めて誰に対しても穏やかで優しく、自殺の前日には「島村先生の仏前の御灯明は絶やさないようにしてください」と女中に頼んだという。

死後、須磨子が書いた3通の遺書が公開された。

兄の米山益三宛てのそれを紹介しよう。

「兄様、私はやつぱり先生の処へ行きます。あとの処は坪内先生と伊原先生に願っておきましたから、好い様になすつて下さい。只、私は墓だけを是非一緒の処へ埋めて下さる様、願つて下さいまし。二人の養女達は相当にして親元へ返して下さいまし」

このように須磨子の願いはただ一つ。愛する島村抱月の墓に合葬してもらうことだった。この願いは坪内夫妻宛ての遺書にも記されてあった。坪内は合葬には反対だったが、せめて近くに並べて葬ってやろうと遺族に打診している。しかし結局、遺族の反対によって、**須磨子は抱月と同じ寺にさえ入ることができなかった。**まあ、残された抱月の妻子や親族の心情を考えたら、不倫相手を一緒に葬ることなど認められるはずもなかろう。

なお、須磨子が死ぬと、ショックを受けた人びとの後追い自殺が見られた。コロナ禍においても、芸能人の自殺がたびたび報じられたが、感染症のパンデミックはいつの時代も同じような状況を生むのかもしれない。

大正といま、ココが同じ

有名人の罹患→死亡の衝撃は大きい

大正

後期

大正11年 ▶ 15年

1922 − 1926

32

事件・災害

日本社会を震撼させた虎ノ門事件

大正12年

1923年

関東大震災のとき、デマによって多くの朝鮮人が虐殺されるという悲劇が起こったが、同時にこの大混乱に乗じて、警察や兵士等が、社会主義者や無政府主義者を捕まえ、殺害する事件が発生している。

有名なのは、**川合義虎**や**平沢計七**ら10名が亀戸警察署に連行され、兵士たちに殺された**亀戸事件**、無政府主義者の**大杉栄らが憲兵に殺害された甘粕事件**だ。

とくに甘粕事件は、まことにむごい事件であった。地震が発生してから半月後の9月16日、大杉は自宅近くで甘粕正彦憲兵大尉に呼び止められ、「憲兵司令官が会いたいと言っている」と巧みにだまされ、東京大手町の麴町憲兵分隊に連れて行かれた。そこで大杉は憲兵たちと夕食を共にしたのだが、その最中、背後に回った甘粕大尉によってそのまま絞殺されたのである。同席していた妻の**伊藤野枝**も容赦なく絞め殺された。このとき夫妻は、大杉の甥でまだ**6歳の橘宗一**を伴っていたが、別室にいた宗一も殺害された。そして**3人の遺体は、構内の古井戸に投げ込まれた。**

まもなく、この事件は大々的に報道されたが、こうした社会主義・無政府主義に対する弾圧事件を聞いて、前々から計画していたテロを実行に移そうと決意した青年がいた。24歳の**難波大助**である。

大助はアナーキスト、すなわち**無政府主義者**だった。無政府主義者とは、「国家などすべての権力と強制を排除し、個人の完全な自由と独立を保証しようとする空想的な理想主義」（『新明解国語辞典』三省堂）を信じている者をいう。

ただし大助は、貧しい労働者階級の出身ではなかった。なんと、藩閥の拠点である**長州**（山口県）**の富裕層の出身**だった。しかも父親は、現職の代議士（衆議院議員）だったのである。難波自身も一時は、早稲田第一高等学院に在学していたこともあるお坊ちゃん。しかも、かつては父親同様、皇室を深く尊崇していた。

ところが、いつしか無政府主義に傾倒するようになり、権力が民衆を弾圧するのを憎み、労働者が皇室を敬愛している現状をうち破って、我が国に階級を否定する共産主義社会を出現させたいと考えるようになっていった。

とくに河上肇京大教授が雑誌『改造』に寄稿した「断片」において、ロシア革命がテロリストたちの活躍によって成功した事実を知ると、自らもテロリストたらんと思うようになったとされる。

もちろんテロの標的は、皇族であった。

大助は、父親のステッキ型の仕込み銃を持ち出すと、暗殺を実行するため、たびたび野山で射撃訓練に精を出すようになった。

12月の中旬、大助は**摂政宮**（後の昭和天皇）が同月27日に議会の開院式に出席するとの情報を得た。そこで、このときを狙って暗殺することに決めたのである。

実行直前、大助は各新聞社に宛てて「俺が打ち出した銃声こそが、惰眠を貪る社会革命家への警告だ」といった決起趣意書をポストに投函し、そのうえで現場へと向かった。

大助はステッキ銃を持って、虎ノ門で摂政宮一行がやって来るのを待ち構えた。やがて、摂政宮を乗せた自動車が、赤坂離宮を出て午前10時40分ごろに虎ノ門交差点にさしかかった。

車を視認した大助は、見物の群衆を押しのけて路上に飛び出し、ゆっくり走る自動車を全速力で追いかけ、至近距離から摂政宮の頭部めがけて、ステッキ銃の引き金を引いた。

弾丸は、自動車の窓ガラスを突き破ったが、幸い中にいた摂政宮は無事だった。自動車はそのままスピードをあげて議会の門内に入っていった。窓ガラスが破砕したので、てっきり狙撃が成功したと思ったのだろう、大助は現場で「革命万歳！」と連呼したという。まもなく大助は、警官や群衆に取り押さえられた。

こうして、テロは失敗に終わった。これを**虎ノ門事件**と呼ぶが、皇族が狙撃されるという前代未聞の事件は、社会に大きな衝撃を与えた。

このため、摂政宮を警護する最高責任者たる警視総監はクビになり、大助の父親も議員を辞職、大助を教育した小学校の校長と担任も懲戒免職となった。

震災復興に取り組んでいた**山本権兵衛内閣**も、この大それた事件の責任をとってただちに**辞職**した。後述するが、これによって後藤新平内務大臣が心血を注いでいた震災復興計画も水の泡となったのである。

なお、政府や官憲は、この事件の処置について、次のようなストーリーを考えていた。

まず大助に己の罪を悔いさせ、その改悛の情を認めたうえで、大逆罪によって死刑判決を下す。しかし、これを聞いた摂政宮が憐憫《れんびん》の情をかけ、死一等を減じて無期懲役とするというものだ。こうした措置によって、社会の動揺を防ごうとしたのだ。

ところが大助は、公判審理の最終陳述において前非を悔いず、「私の行為は正しい。私は社会主義の先駆者だ」などと発言したため、死刑判決が下され、まもなく刑が執行された。大助の遺体は家族が引き取りを拒否したため、無縁仏として埋葬されることになった。ちなみに大助の父は、息子が処刑された後、蟄居して食を絶ち、それから半年後に餓死したと伝えられる。

大正といま、ココが同じ

重大な犯罪は社会全体を揺るがす

33
社会運動

全国水平社の設立と部落解放運動

大正11年

1922年

別項で大正時代に本格的に始まったさまざまな運動を取り上げたが、部落解放運動もその一つである。

明治4年（1871）8月、俗に**解放令**（賤民廃止令）と称する太政官布告が出された。しかし、これによって長年続いてきた被差別部落の人々へのいわれなき差別が解消されたわけではなかった。その後も結婚や就職など、多くの場面で被差別部落出身者への差別は根強く続いていた。

自由民権運動が盛んになると部落差別を撤廃しようとする動きも見られたが、全国的な運動には発展しなかった。しかし明治20年代に入ると、被差別部落の富裕層を中心に、部落内の風俗改良や生活改善をすすめ、そうした後に社会に対して差別の撤廃を訴えていこうとする部落改善運動が起こり、日露戦争後は政府もこれに協力するようになった。同時に政府は、被差別部落出身者以外の人々に、被差別部落出身者への同情と融和を求める活動を推進した。大正3年（1914）には、大江卓らが帝国公道会を発足させ、政府と連携して**融和運動**を展開していった。

ところが大正7年の米騒動を機に、部落改善運動や融和運動とは異なる新たな動きが起こってくる。

別項で述べたように、米騒動は米の買い占めや投機、シベリア出兵による米価の高騰で発生した大暴動だが、暴動に多くの国民が加わった。政府はその大半が被差別部落出身者であるかのように喧伝、国民の差別意識をあおり、騒動から被差別部落出身者以外の人々を乖離させ、沈静化をはかろうとした。また、多くの新聞社も政府見解を真に受け、被差別部落出身者への偏向報道をおこなった。さらに騒動で逮捕された人びとの裁判では、被差別部落出身者が不当に重い処分をうけた。

ただ、米騒動で寺内内閣は倒れ、次に組織された原敬内閣は、1920年度予算に部落改善費をはじめて盛り込んだのである。ただ、被差別部落出身の青年（一部）たちは、米騒動の体験から自分たちを含めた民衆の力の大きさを認識するとともに、改善運動や融和運動では差別は解決しないことを知った。

そして、「差別というのはそれを受けている者が、自ら撤廃しようと行動することが必要なのだ」という自覚を持つようになり、その結果として大正11年（１９２２）に**全国水平社が結成**され、**部落解放運動が展開されていく**ことになる。

同年3月3日、部落解放運動の全国団体である全国水平社の創立大会が開催された。大会は、全国から約３０００人の代表者が京都の岡崎公会堂に集まって開かれ、要領、宣言、決議が採択された。以下にその要領を紹介しよう。

「一、特殊部落民は部落民自身の行動によって絶対の解放を期す。一、吾々《われわれ》特殊部落民は絶対に経済の自由と職業の自由を社会に要求し以て獲得を期す。一、吾等は人間性の原理に覚醒し人類最高の完成に向って突進す」

これらの文言からわかるとおり、全国水平社は、みずからの行動によって差別からの解放を目指した団体である。

続いて**西光万吉**《さいこうまんきち》によって起草された**水平社宣言**の一部を紹介しよう。

「長い間虐められて来た兄弟よ、過去半世紀間に種々なる方法と、多くの人々とによつてなされた吾等の為の運動が、何等の有難い効果を齎《もた》らさなかつた事実は、夫等《それら》のすべてが吾々によつて、又他の人々によつて毎《つね》に人間を冒瀆されていた罰であつたのだ。……略……兄弟よ、吾々の祖先は自由、平等の渇仰《かつごう》者であり、実行者であつた。陋劣《ろうれつ》なる階級政策の犠牲者であり男らしき産業的殉教者であつたのだ。ケモノの皮剝ぐ報酬として、生々しき人間の皮を剝ぎ取られ、ケモノの心臓を裂く代価として、暖い人間の心臓を引裂かれ、そこへ下らない嘲笑の唾《つば》まで吐きかけられた呪われの夜の悪夢のうちにも、なお誇り得る人間の血は、枯れずにあつた。そうだ、そして吾々は、この血を享《う》けて人間が神にかわろうとする時代にあうたのだ。犠牲者がその烙印を投げ返す時が来たのだ。……略……吾々は、かならず卑屈なる言葉と怯懦《きようだ》なる行為によつて、祖先を辱《はずか》しめ、人間を冒瀆してはならぬ。そうして人の世の冷たさが、何《ど》んなに冷たいか、人間を勦《いた》はる事が何んであるかをよく知つている吾々は、心から人生の熱と光を願求礼賛《がんぐらいさん》するものである。水平社は、かくして生れた。人の世に熱あれ、人間に光あれ。」

読んでわかるとおり、日本の人権宣言と呼ばれるほど、格調高く感動的な文章になっている。以後、水平社は積極的な運動を展開し、日本社会にはびこるいわれなき被差別部落出身者への差別と戦い、多くの成果を勝ち取ってきた。とはいえ、SDGsが叫ばれる現代日本においても、まだこうした差別は完全になくなったわけではない。これはいまも我が国にとって大きな課題なのである。

大正といま、ココが同じ

差別をなくすため、自ら行動を起こす人々が現れる

34
事件・災害

関東大震災後の東京復興計画の意外な結末

大正12年

1923年

関東大震災によって東京の中心部は壊滅状態となってしまった。

このため、陸軍は震災や戦災に耐えることができる地域へ**皇居や首都を移転させる計画**を立て、武藤信義参謀次長が今村均少佐に調査を命じた。今村の報告書によれば、その**候補地**として**竜山**、**加古川台地**、**八王子**があがっている。第一候補の竜山は、なんと日本本土ではなく植民地だった**朝鮮半島**にある。ここは地盤が非常に強固で、震災の心配がない。また、戦争時の防空対策も容易な地域とされた。当時日本は、中国の満州地域も勢力範囲に入れつつあり、首都としての東京はその位置が偏り過ぎていた。そこで関東大震災を機に大陸へ移そうとしたのだろう。また、皇居が半島に移れば、政府が奨励してきた日本人の半島や大陸への移住も急増するという読みもあった。

第二候補の兵庫県の加古川台地だが、こちらのほうも地震の心配がないことから選定された。ただ、もし同地に首都を移していれば、阪神・淡路大震災の被害を受けて

東京のみならず、関東地方一円が大きな被害を受けた（写真は横浜）

しまっていただろう。

ただ、議論はされたものの、結局、首都は東京から移転しなかった。**東京を復興することに決めた**のである。この大事業を担当したのは、**内務大臣**の**後藤新平**だった。

安政4年（1857）に陸奥国胆沢郡塩釜村（現岩手県奥州市）に生まれた後藤は、内務省衛生局に入り、ドイツ留学後は、衛生局長に昇任。退職後、23万人に及ぶ日清戦争の帰還兵をわずか2カ月で検疫したことを評価され、台湾総督の児玉源太郎が後藤を民政局長に抜擢した。このとき後藤は見事な手腕をみせ、日露戦争後は満鉄総裁に就任。そして明治41年（1908）に第2次桂太郎内閣の逓信大臣、大正5年に寺内正毅内閣の内務大臣をつとめた。

関東大震災直後に組閣した山本権兵衛内閣の閣僚に決まった後藤は、焼け野原になった首都を復興したいと考え、みずからその職務を担当する内務大臣を望んだ。じつは後藤は、かつて東京を改造しようとした過去を持っていた。

「日本は日露戦争に勝って世界の強国になったので、無秩序に拡張し続ける東京の市街地を大日本帝国にふさわしい整然とした町に変えたい」と考えていた。だからこれより前の大正9年（1920）に**東京市長に就任**したとき、後藤は**首都改造計画**を立てた。計画では主要な街路を拡充・新設し、上下水道の整備や港湾・河川の大規模改修をおこなうとともに、公園の新設、市庁舎や公会堂の建設を企図した。**費用は8億円と見積もられた。**当時の東京市の予算は1億円強だったから「後藤新平は大風呂敷だ」と批判された。

それまで東京市長の助役は、東京市会の派閥の均衡に配慮して決定されてきたが、後藤は自分の腹心を起用した。また、市長の年俸を1万5千円から2万5千円に引き上げ、同時に助役の給与も大幅に増額、その上で自分の年俸は東京市に全額寄付するというパフォーマンスをみせた。

さらに大規模な人事異動を断行して、元文部大臣の一木喜徳郎や天皇機関説をとなえた東大の美濃部達吉といった著名な有識者を多数名誉顧問として招聘し、彼らをブレーンとして市政改革や都市改造を実行しようとしたのである。首相の原敬や安田財閥の安田善治郎も、後藤の都市改造計画を支持したので、計画は順調にいくかと思われたが、なんと、二人とも立て続けに暗殺されてしまい、その後に成立した**加藤友三郎内閣**が**緊縮政策**をとったため、結局、東京改造計画は実現せず、後藤も市長の座から去ることになった。

つまり、後藤にとって内務大臣になったのは、リベンジの機会を得たことを意味した。

震災の翌日にあたる大正12年9月2日、山本権兵衛内閣の親任式があったが、その夜からさっそく後藤は、帝都復興の案を練りはじめた。

そして早くも9月6日には「**帝都復興の議**」を**閣議に提出**した。後藤は「東京は政治の中心、文化の淵源であるから、東京を復興させるというのは、帝国の発展に関わる問題である。被害の惨状は忍びないが、これは理想的な帝都を建設するための絶好のチャンスである。ぜひこの機会に英断をもって復興にあたるべきだ。躊躇して好機を逃がしてはならない」と力説し、調査会設立を提案した。こうして帝都復興調査会が設立された。

後藤は東京を欧米型の最新都市に改変してしまおうと考え、そのプロジェクトを実行するため帝都復興省を設立し、首都復興の権限を一手に集中させ、復興費として30億円から40億円を投入しようと構想した。当時の国家予算が14億5千万円だったから、その3倍近い額になるわけだ。まさにとてつもない大構想であった。

9月12日、**大正天皇の帝都復興の詔書が公布**された。

その詔書は、多くの国民が犠牲になり、火災で市街地が焦土と化し、各地で交通が途絶し、流言飛語がとびかい、安政の大地震以来の被害であることを悼み、「天災地変ハ人力ヲ以テ予防シ難ク、只《ただ》速ニ人事ヲ尽シテ民心ヲ安定」したいと述べ、非常事態なので果断をもって国民のために臨機救済に尽力することを誓っている。

さらに大正天皇は、「東京ハ帝国ノ首都ニシテ政治経済ノ枢軸トナリ国民文化ノ源泉トナリテ民衆一般ノ観仰スル所ナリ一朝不慮ノ災害ニ罹リテ今ヤ其ノ旧形ヲ留メスト雖《いえども》、依然トシテ我国都タルノ地位ヲ失ハス是ヲ以テ其ノ善後策ハ独《ひと》リ旧態ヲ回復スルニ止マラス進テ将来ノ発展ヲ図リ以テ巷街ノ面目ヲ新ニセサルヘカラス」「朕ハ宰臣ニ命シ速ニ特殊ノ機関ヲ設定シテ帝都復興ノコトヲ審議調査」させるとある。

この詔書でわかるとおり、**天皇は遷都論を明確に否定**したうえ、単に東京を旧態に戻すのではなく、将来の発展が見込めるような一新した都市を造ること、そのために特別な機関を創設することを明言している。つまり、後藤の復興構想の概略がそのまま詔書に盛り込まれたのだ。

9月15日、後藤は摂政宮（後の昭和天皇）とともに東京の被災地を視察した。被災した地域はすべて国が買い上げ、大規模な区画整理をおこない、広大な道路を縦横に走らせるつもりであった。同月29日、都市復興計画を統括する**帝都復興院が創設**され、後藤が総裁となり、政府内での話合いで首都復興は数年間で合計15～16億円を支出することになり、当初の40億円より減少してしまったものの、それでも国家予算に匹敵

震災直後の銀座

する大規模なものだった。

11月24日、この案が山本権兵衛首相を総裁とする内閣最高の諮問機関として創設された帝都復興審議会にかけられた。審議会では、委員の江木千之《かずゆき》が最初に復興案に反対を表明した。続いて大日本帝国憲法の作成にたずさわった頭脳明晰な**伊東巳代治が大反対**をぶち上げた。伊東は、「そもそも規模が大きすぎ、これでは首都の新建設になる。苦しい財政のなかで実現は不可能で、強行すれば逆に人心が動揺してしまう。まずは商工業や教育の復興こそに力を注ぐべきだ」と主張した。

この意見が会議の流れを支配し、**元**

首相の高橋是清も同調した。こうして後藤の案が否決されそうになったとき、渋沢栄一が「こんなことでは国民が困るから、早急に修正案を出して欲しい」と伊東に求めたのである。このため伊東巳代治を長とする特別委員会が設置され、5億7千500万円に減額された案が提出された。

伊東が反対したのは、彼が銀座の大地主だったからだと伝えられる。国家に自分の土地を安く買いたたかれたらたまらないと思ったようだ。

ショックを受けたのだろう、後藤は内務省の庁舎が焼失したり、デマを信じた自警団が朝鮮人を多数殺害したことの待罪書や進退伺いを認めている。これは提出されなかったが、場合によっては大臣を辞任するつもりだった。

なお、この復興額も臨時議会で多数党の立憲政友会から修正を迫られ、結局、1億6千万円を減らすことになってしまった。つまり、当初の10分の1にまで縮んでしまったのだ。それだけではない。立憲政友会は帝都復興院の廃止を求めたのである。政友会がこうした後藤いじめのような態度に出たのは、後藤がこれまで政党を嫌い、烈しく対立してきたからだった。

ただ、大減額されたといっても、首都復興計画の中核部分に変更はなく、政友会の修正案は衆議院、貴族院で可決された。もしこれが実現していれば、東京は近代都市にいち早く変貌していたかもしれない。

しかし、思いも寄らぬ事件が起こってしまった。先述のように無政府主義者の難波大助が、摂政宮の車にピストルを撃ち込む虎ノ門事件が発生したため、**山本内閣は責任をとって総辞職し、後藤の復興案も幻に終わってしまった**のである。

大正といま、ココが同じ

東京からの遷都や首都改造がすでに論議されていた

35
事件・災害

関東大震災と吉原遊郭

大正12年
1923年

「日本の大半の町の一角には、多かれ少なかれ遊女屋が置かれている。旅人その他の慰めとするためである。この点では長崎の町も例外ではなく、オランダ人や中国人にも歓楽の機会を与えている」（高橋文訳『江戸参府随行記』東洋文庫）

これは安永4年（1775）に来日したスウェーデンのC・P・ツュンベリーが述べた言葉だ。こうした状況は明治時代になっても変わらず、「十二階下」（117ページ参照）といった私娼窟が東京のあちこちにあり、**吉原遊郭**も健在であった。ただ、人身売買の結果である遊女に対し、明治後半になると批判も起こり、政府も法律上、廃業の自由を与えた。とはいえ、性産業の実態は変化せず、遊女たちは相変わらず悲惨な状況におかれていた。だが、明治44年（1911）に新吉原の遊郭が火事で焼失したさい、多くの女が逃げ遅れて焼死したことを機に、キリスト教関係者たちが廓清会《かくせいかい》を組織し、廃娼運動を開始した。

けれどこの運動は、社会に深く浸透しないまま、関東大震災を迎えてしまう。そして再び新吉原が大火に見舞われ、多くの遊女たちが命を落としたのである。本項ではこの事件と世間への波紋について、紹介しよう。

新吉原遊郭は江戸時代から明治時代にかけて何度も大火に見舞われ焼失してきたが、耐火対策はおこなわれず、大正12年（1923）9月1日、直下型大地震が発生した直後、**新吉原でも5カ所から出火**し、強風にあおられた炎はたちまち辺り一帯に広がった。火事が起こると、ただちに遊郭の非常門が解放されたので、そこから聖天山方面に逃れた人もいたが、**吉原公園を郭内唯一の避難地と信じた人びとが園内に殺到**した。だが、火勢が公園の周囲を取り囲み、あまりの熱さに避難民は、次々と園内の弁天池に飛び込み始めた。結果、たちまちにして溺死したり焼死したりする者が続出し、あわせて**490人が犠牲**となった。そのなかには、多くの遊女の姿があったという。

赤津正男編『震災叢書　第三編（震災惨話）』（新生社、大正12年11月発行）には、吉原公園に避難して助かった被災者（性別不明）の経験談が載録されているので、これを参考に当時の状況を語っていこう。

この人物は、地震のさい吉原公園に逃げ、揺れがおさまったので家に荷物を取りにいこうとしたが、4階建ての遊郭建築（角海老）が燃え上がって道路が通行できない。そこで引き返して裏門から郭外へ出ようとするが、こちらも火炎が渦を巻いている。仕方なく吉原公園に戻ってきたところ、1000人近い避難者がいた。やがて公園前の吉原病院が燃え始めた。熱さにたまりかねた避難者たちは、続々と弁天池に入ったが、深さが2尋《ひろ》もあるため悲鳴をあげて溺死していった。しかし、陸地に居れば焼け死んでしまう。だからそれでも人びとは池に入っていった。多くが溺れないように桟橋の杭をつかんでいた。このため、その被災者はつかまることができず、杭にしがみついている者の肩につかまった。こうして人びとは、互いに他人の体にすがりついて池に浮いていたが、やがて火の粉が頭に降り注ぐようになり、こらえきれずに次々と溺れていった。この人は数分おきに水中に潜って息をとめ、ときおり浮上しては空気を吸ってまた潜るという行為を繰り返した。ようやく6時間ほどして池からあがったが、まだ周囲は炎に包まれており、ようやく火勢が衰えたのは、さらに6時間後のことで、その後、どうにか千住大橋まで避難したのだという。

大地震から数日後、多くの知識人が被災地を巡ってルポを書いているが、今回はそのうち**吉村藤舟**と**友納友次郎**の記録を紹介しよう。

吉村藤舟は、山口県下関出身の郷土史家である。若い頃、島崎藤村に師事して小説家を目指し、震災のときは東京の日比谷倶楽部で執筆していた。

友納友次郎は、福岡県芦屋に生まれ、教師として実践を重ね国語教育に関する多数の著書を持つ人物。当時は、東京府南葛飾郡の寺島尋常高等小学校の校長をつとめていた。

吉村は、地震から3日後の9月4日に吉原公園を訪れている。すでに警官が大勢おり、池の周りには近寄れなかったが、池を覆っている遺体は、いずれも水を飲んで身体が膨れ上がり、見るに堪えない姿だった。吉村は言う。「そうしてこの死人の多くが芸娼妓です。何んたる悲惨事でせう。生きて居る間は籠の鳥で、何等の自由も与えられないで苦しんだ芸娼妓が、更に死後屍をこゝで晒らすなんか、実に彼らの一生はみじめなものですね」（『**幻滅　関東震災記**』郷土史研究会）とその境遇を憐れんだ。

さらに「聞けば鬼に等しい楼主共は、芸娼妓の逃げるのを恐れて大門を締めたと云ふことです。中には甚だしいことは、芸娼妓を穴蔵に押し籠めてとうとう無惨にも蒸殺しにしたと云うことです」（前掲書）という噂を書き留め、金のために遊女たちを殺した楼主を非難し、「今回の如き悲惨事をも引き起」した原因を「黄金万能主義」に求め、「私は国民の頭から、余りに執着多き此の金の精神をとりさらなければならないと思ひます」（前掲書）と述べ、吉原の池淵に立ってはじめて「相互扶助の精神」の欠如がこの「国家の一大損害」を生んだのであり、「之れではいかん、之れで進んだなら、最後は掠奪だ、人肉のむさぼりあいになるのだ、実に恐るべき人類の将来だ」（前掲書）と危惧している。

同じ日、友納友次郎も吉原公園の弁天池に出向いた。死臭が鼻を突き、池の周囲には遺体が積み重なっていた。「両手を上に突出して、虚空を摑んでゐる者もあれば、脚を踏み広げて、苦悶の有様を示してゐる者もある。丁度池の中で死んだ人の死骸を引揚げてゐたが、焼け爛れた上に水に浸ってゐたので、身体が風船玉でもふくらしたやうにブクブク膨れてゐる。頭はみんな焼け焦げて、男か女かの見境もつかないやうになつてゐる。水の中に浸つてゐた所は、流石に着物の模様や腰巻の色合等も残ってゐる。派手な浴衣や赤いお腰等で大略どんな種類の人であつたかと云ふ想像も出来る」（『**教育革命焦土の中から**』明治図書）

このようにリアルに遺体を描写し、犠牲者の多くが遊女であったと語る。

友納が悲惨な様子に茫然としていると、側に立っていた女が涙を流し、自分も吉原の者だと語り、千住方面に逃げたので助かったと述べた。出火のさい彼女は「吉原公園に行け」と言われたが、行った者はみな焼け死んだと告げた。するとこれを聞いていた別の男が、憤慨した様子で、「楼主が殺したんです。（略）遊女達を解放してゐたら、こんな事にはなりやしないんです。逃げられると自分共の玉を失ふと云ふ商売気から、この公園に追ひやつたんです」と憤慨した。それにつられて女も泣き出し、楼主が外に出るな、静かにしろと言い、裏口から出ようとすると「公園へ行け」と言われた。しかし彼女は千住のほうへ逃げたから助かったのだと証言した。すると、先の男は池の中の遺体を指し「あれはみんな哀れな遊女の死骸ですよ。（略）頭は、みんなあんなに黒焦げになつてしまつたんです」と目に涙を浮かべ、「公娼制度なんか、文明国としてはあるべからざるものなんです。奴隷制度よりも、もう一層野蛮な制度です。私共は何としてもじつと見てゐる訳には行かないんです。私共は同志と一緒に、近い中に、此処で遭難者の追悼会を開いて、大いに公娼廃止を叫びたいと計算しています」と述べたのだ（以上、前掲書）。彼はクリスチャンらしいと友納は語っているので、きっと廓清会の関係者なのだと思う。

じつは、この吉原の悲惨な犠牲をきっかけに、**廃娼運動は大いに盛り上がる**のである。廓清会にくわえ、その中心的な役割を果たしたのは、キリスト教徒の女性たちの団体「**矯風会**」であった。

楊善英氏によれば、矯風会は「関東大震災に際しては、女性団体を糾合し震災救援活動を行い、東京婦人連合会の結成に至るまで、中枢的な役割を果たしていった。同時に、焼失した遊廓の再建に反対する運動を繰り広げるとともに、東京連合婦人会の研究部を母体とする**公娼廃止期成同盟会**を組織し、女性団体のネットワークを通じて、多様な活動家や参加者を吸収しながら、廃娼運動の全国的な展開を図ったのである。かくして、廃娼をめぐる世論が急速に高ま」（楊善英著「関東大震災と廃娼運動——

日本キリスト教婦人矯風会の活動を中心に――」『国立女性教育会館研究紀要vol.9』所収）ったとする。

ただ、運動は盛り上がったものの、公娼制度が廃止されるのは昭和31年（1956）の売春防止法の制定を待たねばならなかった。

なお、本当に吉原公園で犠牲になった人びとは、すべて遊女だったのかということについては、かなり疑念がある。手元の資料で調べた限り、犠牲者の氏名がわかるものは存在しなかった。

また、警視庁の編纂した『大正大震火災誌』にも犠牲者は五百数十名とあるのみ。赤津正男編『震災叢書　第三編（震災惨話）』には、なんと「遊女の死亡は一千名と世間ではいつて居り一日その供養した婦人会もソレを信じてゐるやうだが、実際の遊女の死亡数は八十八名」と記し、さらに「池の死者の大部分は千束町方面より逃げ込んだ廓外の人が多い」と述べている。案外、こちらのほうが事実ではなかったろうか。

さらに新聞は「吉原では遊女を土蔵の中へ閉ぢこめ逃亡を防いだ為め、遊女千名とかが死亡した。之れは人道の大問題だ」と報道したが、「その事実はといふと幸ひに全くなかつた」と述べ、安政の大地震のときの話がデマとして流れたのだと明言している。

さて、関東大震災は、日本に大きな人的、経済的被害をもたらしたが、この災害を多くの知識人が天譴《てんけん》、つまり天罰だととらえる傾向が強かった。そして、これをきっかけにこれまでの堕落した自己中心的な、金銭第一主義的な生活を改めるべきだとする論が台頭してきた。

先の友納友次郎もそうだった。鈴木敦史氏の研究（「大正期における学校教員の震災経験と教育観」『東海大学課程資格教育センター論集第19号』所収）によれば、「友納にとって今次の震災は、文明や自然に対する人びとの態度を改めるための『教訓』と理解された」が、同時に「『平等』を実現するきっかけ」としても認識されたという。鈴木氏は「災禍は人びとから平等に奪い、疲れや飢えもまた平等に与えた。そこに富める者や貧しき者、賢き者や愚かなる者、強き者や弱き者の別はなかった。こうした『真つ裸』な状態になる事で、人は互いに心を結び、助け、譲り合い、そして尊敬し合う。こうした世界を友納は『パラダイス』というのであった」（同前）と論じる。

「天譴論」は、阪神・淡路大震災や東日本大震災のときには見られなかったもので、大正時代特有といえるかもしれない。ただ、「互いに心を結び、助け、譲り合い」といった「きずな」が強調されたのは、いまも昔も変わらないようだ。

大正といま、ココが同じ

大災害のあとは、人々の「きずな」が強調される

36
事件・災害

関東大震災における一農村の記録

大正12年
1923年

関東大震災は甚大な被害を首都圏にもたらしたが、具体的に一農村「座間村」の記録を参考に、当時の様子を見ていこう。

神奈川県高座郡（現在の藤沢市、茅ヶ崎市、寒川町、綾瀬市、海老名市、大和市、座間市、相模原市の一部）にあった座間村は、明治22年（1889）に座間村、入谷村、栗原村、新田宿村、四ツ谷村が合併して成立。現在の座間市中心部だ。東京の中心から約40キロ、横浜から約20キロに位置する。戦前は農村だが、平塚と八王子をつなぐ八王子街道の宿場としても栄えていた。

『座間市史5　通史編下巻』から関東大震災時の座間村の被害状況を記してみる。

座間村では、震災での死者は1名（座間入谷地区の裏山が崩れ、子供が死亡）のみ、人的被害は比較的軽微だった。ただ、家屋は全壊が133件、半壊が169件に達した。全戸数が925戸であるから、単純計算でいうと3分の1の住人が家屋に何らかの被害を受けたことになる。とくに相模川沿いの新田宿や四ツ谷地域の地盤がゆるく、液状化などにより建物や土蔵に大きな被害があった。道路の亀裂や陥没、堤防や橋梁の破損も多く見られた。

座間村では震災直後から「朝鮮人600人が横浜から押し寄せる、井戸に毒を入れた」などのデマが流れてきた。しかも、その噂を信じて駐在巡査が各戸に声をかけて回ったので、9月2日午後には村内全域に流言が広まってしまった。

同じように、関東各地で大震災の発生直後から「在日朝鮮人が暴動を起こし、井戸に毒を投げ込んだり、家に放火したりしている」というデマが拡散した。このため、治安維持を目的に組織された各町の自警団が、町内を通過する人びとを検問し、朝鮮人だとわかると無差別に殺害するという悲劇が各所で発生した。詳細な犠牲者数は不明だが、約6000人の朝鮮人と約200人の中国人がこのおり殺害されたといわれている。

通常では到底考えられない蛮行が起こった一因として、当時、日本の植民地だった朝鮮半島から大量の貧しい労働者が職を求めて日本に来ていたことが挙げられる。そうした在日朝鮮人に対する日本人の日頃の差別感情、そして、差別していることで震災の混乱に乗じて自分たちが彼らに復讐されるのではないか、という疑心暗鬼が、自警団をしていわゆる「朝鮮人狩り」に走らせたのだといわれている。

9月4日、関東戒厳司令部は、朝鮮人襲来は事実無根で、近く軍隊を派遣するので、それまで助け合い、自重して郷土を守れという通牒を発し、座間村にもそれが到達している。

地震直後の座間村役場の活動を物語る資料は残存しない。ただ、翌大正13年1月、座間村長から高座郡長宛の活動状況報告書には、村長以下役場の職員は、直ちに在郷軍人会員、青年団員、保安組合員等を指揮し、飲料水の補給、精米の準備、炊き出し飯の配給、建物倒壊者に対する小屋がけ、破損建物・道路・橋梁の応急手当など、夜を次いで活動したとある。保安組合というのは、現在の近隣による防犯協会のような組織だ。

しかし実際には「各地域の混乱解消を支えたのは部落会」であり、「村役場と連携しながら救援物資の供給を中心に罹災者への救援を行っている」ことが、「座間村新田宿　大震災応急救護日誌」（『座間市史4　近現代史資料編2』収録）から判明する。

同日誌によれば、震災当日に部落長や地域の村会議員など部落会役員が集まり、地域の被害状況を確認し、翌2日早朝から部落内の鳶や大工を率いて家屋の応急処置をおこない、バラックの設置などを始めている。ところ2日夕方、巡査から「朝鮮人来襲の知らせがあると、保安組合に命じて全員徹夜で警戒」させるなど、そちらに人員が割かれるようになってしまう。

3日早朝、部落会の協議委員会を開催、公平な修繕工事の実施、作業は職人に一任するといったことを決定した。4日以降は、部落会の役員が食料の配布や建物の修理材料の用意を整え、5日からは鳶や大工が二つの組に分かれ、一日1～3軒の家起しをおこなった。二つの組はそれぞれ35軒、40軒の工事を担当したとある。7日から部落会役員には、役場との配給物資のやりとりの仕事が新たに加わった。それ以前は、部落の有力者から米を借りて被災者に配布している。

座間村の震災記憶は、座間市編『座間の語り伝え　外編2・関東大震災』に採録されている。

これは震災から60年後の聞き取り調査で、46名の震災経験者が対象になっている。ずいぶん時間が経っているものの、体験者の貴重な話だといえよう。同書から震災のさい、座間村でどのような治安維持活動がおこなわれたかを確認してみた。以下、いくつかその証言をまとめて記していくが、人名はアルファベットとした。

村民A（当時21歳）は「消防団員」が「竹槍や日本刀を持って部落内の警戒に当たりました」と述べる一方、村民B（同32歳）は、保安組合の活躍について、次のように記している。

「私は地域の保安組合の組合長でした。保安組合というのは今の防犯協会よりはもっと積極的に地域の治安に当たる組織で、消防組とは別にあり、地域独自の組織でした。その保安組合と消防組が一緒になって、朝鮮人が押し寄せてくるのを防ごうというのです。みんなが竹槍などをもったり、私の家の男衆は、私の家の槍や刀を持ち出したりしました。こうして、今の相武台駅前のあたりまで待ち伏せに出かけたのですが、初めは威勢よく先頭を切っていた者も、目的地に近づくにつれ怖くなり、一人二人と後方へ下がってしまい、遂には組合長の私が先頭に立つようになってしまいました」「待ち伏せしている間も、みんな怖くて怖くてしかたがなかったようです」

このように朝鮮人襲来のデマを信じていたことがわかる。

村民C（同19歳）は、「警備陣の中心になったのは誰だかわかりません。多分、区長を中心に、消防組長や各庭場長、在郷軍人の主だった者が相談相手になったのだと思います」と述べており、当時未成年だったこともあり、記憶はあいまいだ。

対して村民D（同35歳）は、「在郷軍人だったので、大塚へ警備に行っていると『朝鮮人が鶴間まで押し寄せた』などという話が伝わり、皆大騒ぎをしました。しかし、家族はどうしたかわかりません。また、在郷軍人がどうして警備に出動したのか、そのいきさつは記憶しておりません。終わるときは、一応在郷軍人に話はあったのですが、一般へはなんの話もなく、警備などということも自然消滅でした」と証言する。

村民E（同13歳）は、「入谷では部落の役員と消防組が警備に当たり、各々が鳶口・木刀・脇差・本物の槍や、急ごしらえの竹槍を携えて、何人かが一組となって部落内をパトロールしました」と述べており、13歳だったものの、鮮明に当時のことを覚えている。

いずれにせよ、これらによってわかるとおり、治安維持の中核になったのは消防組（消防団）や在郷軍人、保安組合だと認識されている。そして、最も警戒していたのは朝鮮人の襲撃だった。

震災直後に結成された自警団は、青年団や在郷軍人が中心となったとする先行研究が多く、茅ヶ崎町でも青年団、消防団、在郷軍人が中心となり自警団が結成されている。なお、町の「レンガ場で働いていた朝鮮人労務者が民間人に拘束され、西久保駐在所に引き渡された」が、彼らを巡査が警察署まで連行しようとしたところ、「ある若者が日本刀で朝鮮人の列に斬りつけ、事態収拾のために駆けつけた日本人の監督を斬殺してしまった」（『ちがさきの関東大震災　市民の記憶』）という事件が発生している。『神奈川県史　資料編11』では、このほか5人の朝鮮人が殺害されたとある。

座間村ではこうした朝鮮人虐殺の記録はないが、村民の回想から「朝鮮人狩り」がおこなわれた事実が判明する。

村民F（同20歳）は、「朝鮮人騒ぎは、いつ、どういう経緯で伝わってきたかはあまり良く記憶しておりませんが、上栗原の消防団の人達が、大勢、西原の方から下りて来て、私の家の縁の下をのぞき込む、というようなことがありました。私の家に朝鮮人らしい者が入ったというのです。もちろん、そんな事実はありません。よく話を聞くと、隣の家のお爺さんが白い浴衣を着て出入りされたのを、朝鮮人と見誤ったものらしいのです」と証言している。

座間市編『座間の語り伝え』には、村民G（同33歳）が震災1カ月後にその記録を克明にまとめた記述を現代語に書き改めた資料を採録している。そこにはもっと具体的に朝鮮人狩りの様子が記されている。

Gによれば、9月2日の昼間「駐在所のH巡査が在郷軍人と保安組合員は、棒でも何でも持って出て朝鮮人を防げ、今、川井（横浜市）まで六百人も押して来ていると大声で叫んで来た」とあり、騒動のきっかけが警察官であることがわかる。そこですぐに座間の大通りに男たちが武器を持って集まり、防衛策を相談した。このとき「I先生が『大変です。国分の原ではもうやりぬいているそうです』と顔色を変えて自転車で来られた。伝令が行く。皆、力瘤を入れて待っている」とデマが伝えられ、その後も朝鮮人は「鶴間」にいるとか「川井」にいるなどデマに翻弄された。2日夜になると、国分方面で半鐘、太鼓、銃声が響き、さらに水道山方面でも銃声や太鼓の音がする。また、鈴鹿（相武台方面）に朝鮮人が来たというデマが広まった。

9月3日午後、「南から朝鮮人五人を村送りにして来るので、受取って新戸へ送るから、出て来い」といわれ、半鐘で人々を召集する。朝鮮人たちは藤沢警察署の証明書を持っていた。大勢が見物に出てきた。新田宿や入谷の人々も来て、大勢でまわりをかためて行列をつくった。大勢が見物に出てきた。朝鮮人たちは駐在所で取り調べを受け、寝かしてもらいたいと哀願したが、許されずにさらに先の村へ送られた。Gは「犯せる罪もないのに、外人であるということだけで、殺してしまえとか、このように武器を持った多勢の人に囲まれ、疲れて休むこともできず追い立てられて」「実に気の毒である」という感想を漏らしている。

3日夜、新戸へ朝鮮人が来たという連絡で再び夜中に召集された。村に次のようなデマが流れてきたのだ。「相模川の河原で朝鮮人を探索。靴の跡がある、二人のうち一人がつかまった、口笛と手をたたいて合図している、一人は白い猿股、もう一人は白いシャツに黒いズボン」。そこで人々は、2メートルぐらいの間隔をとり、桑畑などを片っ端から探索した。けれど誰も捕まらなかったという。

このように噂が噂を呼び、疑心暗鬼になって朝鮮人を恐れるあまり、人びとが彼らに対して攻撃的になっていく集団心理がわかる。

別項で述べるが、これを踏まえ、速報性のある公正なメディアが必要だとされ、ラジオ放送の前倒しが決まるのである。

大正といま、ココが同じ

災害時、不安がフェイクニュースを拡散させる

37
政治

第二次護憲運動からの普通選挙制度の実現と貴族院改革

大正13年
▼
1924年

国民は本格的政党内閣（立憲政友会内閣）を率いる原敬首相に普通選挙制度の実現を期待したが、原は時期尚早だとして、野党が出してきた普選案を拒絶し、解散総選挙を断行、結果、大勝して政友会は過半数を獲得した。これによって、野党の憲政会と立憲国民党を中心にした普選運動は一気に消沈してしまった。

だが、これで普選運動の火が消えたわけではなかった。大正11年（１９２２）になると、第一次世界大戦後のデモクラシーの風潮の影響をうけ、**再び普選運動が広がりはじめ**、同年2月におこなわれたデモの参加者は、10万人を超えるという盛況ぶりとなった。

そんな普選運動に拍車をかけたのが、大正13年1月の**清浦奎吾内閣**の誕生であった。

閥族出身で枢密院議長の清浦奎吾は、保守派の牙城である貴族院議員を中心に内閣を組織したのである。そんな民意を無視した特権（超然）内閣の誕生は、普通選挙の実施を求めていた民衆を大いに失望させた。このため、普選運動熱はフツフツと高まっていった。

この動きを見て**憲政会・立憲政友会・革新倶楽部＝護憲三派**は、保守派の拠点である貴族院や枢密院の改革をかかげ、さらに倒閣をとなえて**憲政擁護運動**（第二次護憲運動）を展開していった。護憲三派は、民衆の支持を得るため、清浦内閣を倒したあかつきには、普通選挙を実施すると約束した。こうして第二次護憲運動は、民衆の強い支持を得て大運動に発展していった。

憲政会の総裁は**加藤高明**、立憲政友会は**高橋是清**、革新倶楽部は**犬養毅**だった。

これに対して清浦内閣は、政友本党（政友会脱党者で組織）を味方につけて議会の解散に打って出たが、総選挙では、普選運動にかかわる多くの団体が、護憲三派が当選するよう積極的に協力した。総選挙（1924年5月）の結果、**「普選実現・貴族院改革」**をとなえた**護憲三派が勝利**した。

ここにおいて清浦内閣は、わずか5カ月間政権を担当しただけで、総辞職したのである。

すでに元老たちはほとんど亡くなり、松方正義と西園寺公望の2人だけになっていた。しかし松方は病が重く、西園寺が実質的に1人で次の首相推薦者を決めた。西園寺は元立憲政友会の総裁でもあり、政党内閣には理解が深かった。しかも、護憲運動の高揚を目の当たりにしており、選挙で第1党となった**憲政会の総裁・加藤高明を天皇に推薦**した。西園寺は以後、8年にわたって第1党の党首を首相にすえて政党内閣を存続させた。これを**憲政の常道**と呼んでいる。

選挙で共に戦った3政党は、連立内閣をつくることにした。もちろん首相は第1党の憲政会を率いる加藤高明。ただ、三派といっても議席は憲政会が150、政友会が101、革新倶楽部が30であり、憲政会色の強い内閣であった。

加藤首相は、国民との公約になっていた**普通選挙法案を議会に提出**した。条件を問わず、25歳以上の男性全員に選挙権を与えるという法案である。同案には、女性は含まれていない。よく、これをもって、日本が男尊女卑的な風潮を持つ国だと断定的にいう人があるが、この時点ではフランスもイタリアもスペインも、女性には選挙権が与えられていない。女性が選挙権を有していたのは、アメリカやドイツといった数国に過ぎなかった。その2国でさえも、女性の選挙権獲得は、加藤内閣が普通選挙法を制定する数年前に実現したばかりだった。

日本では昭和21年（1946）、女性も選挙権を行使できるようになったが、その当時でもまだ女性に選挙権がない国が圧倒的に多かった。取り立てて日本が女性を蔑視した後進国ではなかった事実は、善悪は別にして、きちんと知っておくべきかもしれない。

護憲三派内閣は、選挙の公約であった貴族院の改革に乗り出した。

貴族院改革については、すでに明治34年（1901）に第4次伊藤博文内閣が試みようとしたことがあった。立憲政友会の総裁として伊藤が内閣を組織したことに、保守的な貴族院が反発して衆議院を通過した増税案を否決する構えをみせたからだ。しかし結局、改革はなされないまま、大正時代を迎えてしまっていた。

しかも原敬首相が政治的安定をはかるため、貴族院内の最大会派である研究会を優遇したことから、世間のデモクラシー的傾向とは正反対に、保守的な貴族院が政界に暗然たる力を持つようになり、ついに清浦内閣の誕生となったのである。

選挙後、第50議会が開かれると、そこで貴族院改革が審議された。さまざまな改革案が各政党から新人議員を中心に提出されたが、それを要約すると、勅選議員の終身制廃止、公侯爵の世襲制廃止、伯子男爵議員数の減少、互選制度の改正であった。

しかし、加藤高明内閣が決めた改革案は不十分なものであった。最大与党の憲政会と有力な政党政治家たちが急進的な貴族院改革を好まなかったからである。

結局、議会では、貴族院令第7条（勅選・多額両議員の合計が有爵議員総数を超えないという規定）の削除、帝国学士院選出議員の創設（4名）、有爵議員定数の若干削減、多額議員の若干増が決定されるにとどまった。

このため貴族院は、その後も保守派の牙城としての地位を保つことになった。

大正といま、ココが同じ

守旧派を崩すのは容易ではない

38
社会運動

普通選挙制度の代償？　治安維持法

大正14年

1925年

加藤高明（護憲三派）内閣の普通選挙法案が、議会ですんなりと決まったと考えるのは間違いだ。とくに枢密院や貴族院といった閥族の集まる保守的な機関は、かなり激しく抵抗した。このため、議会の会期が3度にわたって延長されるという異常事態となった。

保守派は、普通選挙を実施することで天皇制を否定するような共産・無政府主義者が、国政の場に登場することを憂慮していた。こうした危惧は、立憲政友会や政友本党の議員なども同じだった。

また、大正14年（1925）1月に日ソ基本条約が締結され、ソビエト政権との国交がはじまった。これにより、いっそう共産主義は国内に浸透することが予想され、これを防ぐためにも弾圧法が必要となった。

そこで加藤内閣は、**選挙運動の制限強化、選挙時における地方官僚の権限強化といった付帯事項をつけ**、弾圧法の**治安維持法と抱き合わせ**にしたのである。

治安維持法は、「国体を変革し、または私有財産制度を否認することを目的として結社を組織し、または情を知りてこれに加入したる者は十年以下の懲役または禁固に処す」と第1条にあるように、国体（天皇制）を否定する共産主義者などが普通選挙法の実施によって当選するのを防ぐ目的で制定された。

ただ、その後は**自由主義や民主主義を取り締まる悪法として運用**されてしまう。法の制定から3年後、**田中義一**首相は**治安維持法を改定**し、法違反の最高刑を死刑とし、さらに**特別高等警察**（特高）という**思想警察を全国に置いた**。そして共産主義者を徹底的にマークし、あるいは検挙して壊滅に追い込もうとした。さらに軍国主義が台頭する昭和初期になると、治安維持法は、自由主義や民主主義にも適用されるようになり、国民の言論の自由はいちじるしく制限されていった。

加藤高明首相はそこまで想像しなかったかもしれないが、普通選挙法より治安維持法のほうが、のちの日本史に大きな影響を残すことになったのである。

治安維持法に反対してデモをする人々

さて、治安維持法案の議会提出が決まると、各地の労働組合が反対運動をおこしていった。

大正14年1月30日には、関東労働組合会議創立準備委員会が機械労働組合連合会の提案に基づいて『**悪法案反対同盟会**』を組織した。2月3日には、日本労働組合連合の主催によって大阪・天王寺公会堂で悪法反対演説会が開かれた。このときは弁士23人が壇上に立ち、聴衆はおよそ1000人にのぼった。以後、反対演説会は労働組合を中心に次々と開催され、2月11日には約3000人の労働者が東京市芝区赤羽町有馬ヶ原（現在の港区三田）から上野公園までデモ行進し、警官隊と衝突して60名近くが拘引されている。反対運動には、労働運動の大御所である鈴木文治のほか、憲政会の中野正剛、政友会の山口政二、有馬頼寧《よりやす》、さらには貴族院議員の徳川義親も加わった。

新聞社や雑誌社など、マスコミも反対運動に賛意を示すところが多かった。雑誌『改造』は、大正14年3月号に大山郁夫の「呪はれたる治安維持法」を掲載した。

大山は「他にまたと類例のない不合理でもあり、時代錯誤でもある。（略）我々には、現内閣（加藤高明内閣）が枢密院や貴族院に気を配つて、それが普選案の提出と交換条件に治安維持法を制定しようとしていることを、自分のほうから示唆するやうな態度を見せて来たことが、決して真面目な動機から出たものだとは思へない」と痛烈に治安維持法案を皮肉った。

だが、反対運動は盛り上がりに欠け、結局、治安維持法は第1条から「もしくは政体」という文言を削除したのみで賛成多数で通過してしまった。

大正といま、ココが同じ

悪法はいつの間にか成立している

39
文化・芸能

女子スポーツを盛り上げた人見絹枝

大正13年
1924年～

大正時代になると、各界で女性の社会進出も始まり、参政権獲得運動も盛り上がった。スポーツ界でもスターが現れた。その代表が**人見絹枝**であろう。

明治40年（1907）、岡山県に生まれた絹枝は、県立高等女学校４年生のとき、教員の勧めで岡山県の中等学校競技大会に出場したところ、走り幅跳でいきなり日本女子新記録を出したのだ。校長のすすめもあって、絹枝は岡山高女卒業後、上京して東京の二階堂女塾へ入った。二階堂トクヨがつくった女子の体育教師を育成する日本初の全寮制学校だ。大正13年（1924）、絹枝は第5回岡山県陸上競技大会に出場し、**三段跳び**で10メートル33センチのレコードを出した。これは**アメリカのスタインが保持する世界記録を1センチ上回るもの**であった。軽々と**世界新記録**を出したので、地元岡山の新聞は大きく記事で取り上げ、絹枝は郷土の耳目を集める存在になった。

翌大正14年、18歳の絹枝は京都市立第一高等女学校の体育教師として赴任したが、すぐにトクヨに呼び戻されて**二階堂女塾の助手**となった。絹枝の尽力もあって塾は専門学校に昇格し「日本女子体育専門学校」と改称する（現在の日本女子体育大学）。同年秋、絹枝は第2回明治神宮競技大会で三段跳びで11メートル35センチという世界新記録を出した。

翌大正15年4月、絹枝は**大坂毎日新聞に入社**する。本人は入社を固辞したが、大坂毎日の運動部の幹部が本人や両親のところに出向いて懇願したので根負けしたのだという。大坂毎日が期待したのは新聞記者としての才能ではなく、スポーツ選手としてのそれだった。このため仕事をこなしてから陸上練習をするので、絹枝は毎日が多忙であった。

入社数カ月後、絹枝はスウェーデンのイエテボリで開催される**第2回万国女子オリンピックに出場**することに決まった。日本からの参加はただ1人。そもそも日本人女性が選手として世界の檜舞台に出るのは、前代未聞だった。

大会へ向かうため下関行きの寝台列車に乗り込んだ絹枝は、夜中の12時に故郷の岡山駅に着いた。駅頭には先生たちが待ち構えており、大いに激励してくれたので、

「郷土のためにも、日本のためにもがんばらなくてはならない」と改めて身が引き締まる思いがしたという。その後、船で釜山に着き、鉄道を乗り継いでハルピンに到着。ここで数日間トレーニングを積み、7月21日、在留邦人80人に見送られて鉄道に乗り込み、8月4日に目的地のイエテボリに到着した。

大会前夜は早めにベッドに入ったが緊張のためになかなか寝付けなかったという。

「床に入ったら死人のように寝てしまう私が、どうして今晩こんなに眠れないのだろう。今晩こんなに眠ることができなかったら、明日はどんなになるのだろう。睡眠不足がたたってあの運動場では蟬の抜殻のようになり、きっと負けるにちがいない。寝よう……。どうしても寝よう。私は苦しんだ。苦しかった。寝ようとするが眼はどうしても開いて来る。いつもと一寸変らない心でいたのに、ああ早く寝たい……。と思った時は涙が出てきた。ベッドの傍らの電燈をつけてみると、もう時計は一時となってる。下の町を通る人の足音も途絶えてしまった。ああどうしたら良いのか……、一時半だ……」（人見絹枝著『人見絹枝――炎のスプリンター』日本図書センター）

だがその後、いつの間にか眠りに落ち、次に目覚めたのは昼の11時だった。10時間近くも熟睡していたわけだ。満足した絹枝は、すがすがしい気分で大会に臨むことができた。

たった1人の選手だったこともあり、絹枝は**多くの競技に参加して次々と日本記録を破る好成績を出した。**最後は、最も得意な走り幅跳びへの挑戦だった。最大の強敵は、イギリスのガン選手であった。

絹枝は難なく予選を勝ち抜いたが、決勝ではよい記録に恵まれなかった。跳躍のチャンスは6回あるのだが、最初の3回でガン選手がマークした記録を抜くことができなかった。通常、6回のうちベストの記録は4回、5回目。しかし4回目のジャンプはふるわず、5回目の跳躍では自分のスパイクで右の掌を6箇所深く傷つけるミスをおかしてしまう。記録は5メートル32センチ。到底ガン選手を超えるものではなかった。最後の6回目は、ほとんど力尽きて好成績が出ないのが一般的だった。

「あとに残ったのは本当に一回きり！　この一躍で私は今日の試合を閉じねばならぬのだ。どのような事があってもこの一躍に成功しなければどうする。みすみす英国の国旗がまた、今日もあの最高の旗竿の上につるされて、ゴッド・セーブ・ザ・キングの歌を聞かされるのだ。昨日から見飽きるまでに英、仏の国旗は揚っている。どうか今日はたった一度……一度だけでよい、それだけが叶えてもらうことは出来ないであろうか」（前掲書）

このような思いが走馬灯のように走り、自分のことを故国で期待している両親、新聞社の仲間、さらには国民のことが脳裏に浮かんでは消えた。そして最後に、自分を熱心に説いて新聞社に招いた木下東作運動部長の言葉を思い出した。

木下部長は絹枝に、「本当に辛いときには神に祈れ。救われるはずだ」と言ってくれた。そこで絹枝は助走を始める前、静かに眼を閉じて「どうか一度です。跳ばして下さい」と夢中になって祈った。その瞬間、いままで堪えていた涙がどっとあふれた。これで緊張の糸がフッと緩み、気持ちが軽くなった瞬間、絹枝は走り始めた。そして最後の一躍、これまでなかなか合わなかった踏切りが、1分1厘の狂いもなくうまくでき、そのまま宙へと舞い上がった。**記録は5メートル50センチ**。なんと、最後のジャンプでガン選手の記録を超えたのである。こうして絹枝は、**優勝した**のだった。

3日間の大会において絹枝は、**走り幅跳び1位**、**立幅跳び2位**、**円盤投げ2位**、**100ヤード走3位を獲得**、見事、**個人優勝**を獲得した。はじめて世界的な大会に出た日本人女性が、いきなり世界アスリートの頂点に立ってしまったわけだ。

だから帰国後、人見絹枝は、国民のヒロインとなった。郷土の人びとも岡山駅に凱旋した絹枝を熱狂的に迎えてくれた。

絹枝は、世界大会に出場して、改めて日本女子の陸上競技を盛んにしたいと考えるようになり、あちこちを回って自分の体験を講演し、女子に運動を勧めた。かつ、選手としても目覚ましい活躍を見せた。

昭和3年(1928)、**第9回オリンピック大会**(アムステルダム大会)で、初めて女子競技がおこなわれることになった。このとき絹枝は女性としてただ1人、日本選手団に加わった。100メートル走にすべてを賭けていた絹枝だったが、プレッシャーに押しつぶされて準決勝で敗退、メダルを逃してしまう。そこで登録だけしておいた800メートル走への出場を監督に申し出た。しかし、一度も大きな試合で800メートルを走ったことはなく、極めて無謀な挑戦だったが、見事予選を通過する。ただ、本番前

第９回オリンピックアムステルダム大会での人見絹枝．

日には緊張で一睡もできず、泣きながら朝の光が差すまで神に祈り続けた。

決勝は9名で争われたが、はじめからデッドヒートとなり、団子状態のまま400メートルを1周、絹枝は先頭集団に食らいつき、最後の第4コーナーでゲントゼル選手を抜き去って2位に躍り出、トップのラトケ選手との差を2メートルまで縮めたところでゴールテープを切った。2分17秒6、このスピードは世界新記録であった。銀メダルを獲得した絹枝は、こうして日本**初のオリンピック女性メダリストとなった**のである。

帰国した絹枝は女子選手団を結成し、昭和5年（1930）にプラハで開かれる第3回万国女子オリンピックの団体出場を目指した。夏合宿費を捻出するために『スパイクの跡』という著書を出版し、その印税を前借りしたり、寄付を募ったりして実現させた。プラハの大会では、絹枝は総合個人成績で2位、日本選手団は総合得点で4位に入る健闘をみせた。

だが、このとき絹枝には病魔が忍び寄っていた。大会中から咳に苦しみ、体重も減少の一途をたどった。それでも帰国後は不調をおして講演活動に飛び回り、プラハでの体験を語り、女子スポーツ界の発展に寄与しようとした。だが、衰弱は激しさを増し、乾酪性肺炎の診断を受けた。結核菌による肺の炎症で、当時の医学では手の施しようがなかった。こうして絹枝は24歳の若さでその命を閉じたのである。現代では、多くの日本人女性がオリンピックで活躍しているが、その道を切り開いたのは、大正時代から昭和初期に活躍した人見絹枝という若くして逝った天才アスリートなのである。

大正といま、ココが同じ
アスリートの国際的な活躍は国中を熱狂させる

40
技術革新

活動写真の隆盛

大正元年
▼
大正15年
1912〜26年

映画を最初に発明したのはエジソンだが、これが日本に輸入されたのは明治29年(1896)のことであった。キネトスコープと称する長方形の箱上にある覗き穴から映像を見るという、いまから考えるととても映画とは思えないシロモノで、上映時間もわずか数分だった。

現在のようなスクリーンに投影するタイプの映画は、その翌年、**稲畑勝太郎**がフランスから持ち帰った**シネマトグラフを用いて大阪の南地演舞場で上映**したのが最初だった。その後は**荒木和一**、**新居三郎**、**河浦謙一**などが、次々各地で映画興行に乗り出していった。

当時、映画のことを**活動写真**と呼んだ。命名したのは、なんと、かつて立憲帝政党を創設した**福地源一郎**だったといわれる。

同年3月、東京神田の錦輝館で上映されたフィルムは、ナイアガラの滝やアメリカ兵の乗馬訓練など、変哲のない風景や情景を撮ったものだったが、連日満員で1週間の上映予定を2週間にのばす盛況ぶりだったという。

日本ではじめての映画館は、東京浅草の見世物小屋だった電気館を改装して明治36年に常設映画館としたのが最初だとされる。以後、映画館は急速に増えていき、なんと昭和4年（1929）には東京だけでも211の映画館が乱立している。

とくに映画が隆盛を極めたのは大正時代であった。

大正2年（1913）2月7日の東京日日新聞の記事には、

「活動写真は景気には影響しないばかりかいよいよ隆盛で、目下浅草公園のみにても花屋敷、ルナパーク、富士館、電気館等（略）総計三十五軒もあって、各館を併せて一日三十万人の見物を集め、元旦から大晦日まで休みなしの盛況で、物日、休み日等は少し遅く行けば各等売り切れの始末…」

とある。まさに映画は、庶民の娯楽として君臨するようになったのだ。

初期の映画は、**サイレント**（無声）**映画**だった。映像の脇には**活動弁士**と呼ばれる人が座り、スクリーンに登場する人物のセリフをしゃべったり、映像の補足説明をおこなったりした。

つまり、その映画が面白くなるのもつまらなくなるのも、すべて弁士の腕にかかっていたわけだ。だから映画館は、**徳川夢声**や**松井翠声**といった人気弁士を競って高額なギャラで招いた。

だが、こうしたサイレント映画はやがて**トーキー**（音が出る映画）に変わっていく。**日本初のトーキー作品**は、松竹の蒲田撮影所が制作した『**マダムと女房**』で、田中絹代や渡辺篤などの俳優が出演した。公開は昭和6年（1931）のこと。すでに時代は大正から昭和に変わっていた。

大正時代には、銀幕から多くのスターが生まれた。尾上松之助、板東妻三郎、大河内伝次郎、栗島すみ子、夏川静江、筑波雪子などが代表的な俳優である。

ただ、映画館は不衛生だとか、映画から受ける悪しき感化は問題だとする論調も強く、フランスの『ジゴマ』（怪盗もの）という作品をまね、小学生が玩具のピストルを通行人に突きつけて脅かすという事件が頻発したので、大正元年には怪盗ジゴマ作品は上映を禁止されている。

軍国主義が台頭すると思想的な検閲が厳しくなるとともに、太平洋戦争中において映画は、戦意高揚を目的とした国策映画やニュースが主流となっていった。

しかし戦後になると、日活、東映、新東宝など再生した映画会社が、大衆娯楽作品を次々とつくり、その多くがヒットして昭和33年には映画館入場者数は11億2千万人に達した。

もちろん時代が変わったいまも映画は人気があるが、2019年の年間の入場人員（コロナ前の観客動員数）が1億9491万人。つまり10分の1に減っていることから、全盛期のスゴさが実感できるだろう。

大正といま、ココが同じ

庶民は新しい娯楽が大好き

41
文化・芸能

大正時代にハリウッドで活躍した銀幕のスター

大正元年
▼
大正15年
1912〜26年

大正時代の日本は映画の全盛期だったが、この時期にハリウッドで大成功した日本人がいたことをご存じだろうか。**早川雪洲**である。明治19年（1886）に千葉県安房郡七浦村（現南房総市千倉）の富豪の家に生まれた雪洲は、明治40年にアメリカへ旅立ち、シカゴ大学に入った。その後、ロサンゼルスのリトルトーキョーの日本劇場で俳優となり、次第に有名になっていった。西郷南洲（隆盛）が大好きなので芸名を「雪洲」とした。

日系人だけでなくアメリカ人相手に芝居をやりたいと考えた雪洲は、劇団団長に**『タイフーン』という日本人を主人公とする芝居を提案**した。すでにこの芝居はアメリカ中で話題になっていた。雪洲は知り合いの食堂や店を回って資金を集め、アメリカ人の俳優学校に飛び込み、俳優の卵たちの参加を募った。セットは材料だけ買って日本人大工に後払いを条件にタダでつくらせた。こうして公演を実現させたのである。

公演の3日目、雪洲の生涯を一変させる出会いがあった。トーマス・インスが楽屋に訪ねてきたのだ。インスは、ニューヨーク・モーション・ピクチャー・カンパニーの映画プロデューサー。雪洲の演技を見たインスは「タイフーンを映画にしたいのだが、主演しないか」と申し入れてきたのである。

普通の俳優なら尻尾を振って喜ぶだろうが、雪洲はインスに条件を突きつけた。「出てもいいがチャチなものを作るのなら出ない、今まであなたが作ったことのないような超大作にするなら出る。しかも送り迎えには自動車をつけ、週給は幾ら」（早川雪洲著『早川雪洲――武者修行世界を行く』日本図書センター）と思い切りふっかけたのだ。さらに「今までの一座で働いている連中を端役でもいいからみんな使うこと、契約は3カ月間とし、3カ月で仕上げることを条件」（前掲書）とした。

インスはその要求を全て受け入れた。こうして大正4年（1915）に公開された『タイフーン』は大ヒットとなり、インスは3カ月契約を延長して数本の映画をつくった。これにより雪洲は、映画スターの仲間入りを果たした。渡米から6年目のことである。

雑誌『キネマ旬報』の表紙に登場した早川雪洲

『タイフーン』の撮影中、雪洲は**青木鶴子**と結婚した。彼女も映画女優だった。

『タイフーン』が公開された年、パラマウント社が設立されたが、同社はインスとの契約が切れたころを見計らって雪洲の引き抜き工作をはじめた。雪洲はインスから2、3年間の契約更新を求められていたが、パラマウント社の条件は破格だった。このとき雪洲は週給500ドルというアジア・スターとしてはトップクラスの収入を手にしていたが、パラマウント社に対して大風呂敷を広げた。ブロードウェーで一番高いスターに払っている金額を聞き出し、それが1000ドルだと知ると、自分にも1000ドル出すなら契約してもよいと放言したのだ。するとパラマウント社はそれを了解し、さらに半年ごとに500ドル増加させるという条件をつけた。かくして雪洲はインスから離れ、パラマウント社と4年契約を結んだ。

結果としてこの選択は、早川雪洲をハリウッドの大スターに押し上げることになった。

雪洲はセシル・B・デミル監督の『チート』の主役級の一人を演じた。この映画は大正5年に公開されたが、驚くべき反響をもたらした。雪洲は鳥居という日本人美術家の悪役を演じた。演じるにあたって「舞台に立っても、映画を撮っていても、自分よりすぐれた顔形の人間がいるなんて考えないことにした」「相手に対して妙にへり下らない、劣等感を感じない、と同時に優越感も感じない。つまり相対的観念をなくさなければならない。俺の方が上手だとか下手だとか考えると、そこに邪念が起き、執着もできて、芸の力をほんとうに発揮することができない」（前掲書）と述べ、演技というものはそうした感情を全部没却して「無念無想の境地になる」ことだと断じている。

冷酷な悪党をイケメンの東洋人が演じると、多くの白人女性がファンとなり、雪洲が現れるところにファンが詰めかけ、車から降りてきた雪洲が水たまりがあって歩くのに困っていると、彼女たちは一斉に毛皮のコートを地べたに投げ、その上を彼が歩くようにうながすほどになった。

だが、映画の公開は、日系人社会に困惑を与えた。日系人が雪洲演じる鳥居のような冷酷で破廉恥なイメージで見られるのは困るのだ。前述のようにアメリカでは排日運動が吹き荒れ、2年前にはカリフォルニア州で日本人移民の土地所有が禁じられていた。だから、雪洲を暗殺しようと叫ぶ者や雪洲のところへ押しかける輩がおり、たまりかねた雪洲は日系人が多いロサンゼルスの邦字新聞に謝罪広告を載せた。また、日本国内でも国辱映画だとして『チート』は上演禁止となった。

ただ、雪洲の出る映画はその後も次々とヒットし、大正6年、富を手にした彼はハリウッドの一角に立つスコットランド風の大邸宅を購入した。それについて雪洲は、次のように述べている。

「そのころ、日本人の生活程度が非常に低いというのが新聞の攻撃の的であり、日本人は社交的センスが少しもなく、社交の席に出る資格がない、と悪口をいわれていた。日本人には土地を所有できないというような法律を作って、日本人排撃の手を打ち、悲しいかなその法律もパスするといった、さなかであった。そこで、私は日本人でもこのくらいのことはできるということを見せるために、単なる虚栄ではなく、そんなふうな刺激から、よしという気持ちで手に入れたのが、大きなお城なのだ」（前掲書）

このように雪洲は、自分が日本人であることに誇りを持っていた。

翌大正7年、パラマウント社との契約が切れると、雪洲は独立してプロダクションをつくった。

大正11年には久しぶりに日本の土を踏んだが、横浜に着いたときファンが殺到し、身動きがとれないほどだった。そんな大歓迎を受ける一方、アメリカで活躍する雪洲を国賊、日本の恥だと考え、暗殺を企む者もいたという。このため雪洲は、墓参りを済ませると、わずか1月足らずでアメリカへ去っていった。

このころ、雪洲はフランスのプロデューサーから、東郷平八郎がバルチック艦隊を撃滅する映画を依頼された。東郷にあこがれていた雪洲はこの話に飛びつき、大正12年にフランスへ渡った。が、やって来てみると張りぼての軍艦で映画をつくるという。

へそを曲げた雪洲は、なかなか撮影に入らず、夜遊びに精を出した。

仕事熱心な雪洲だったが、私生活は驚くべき遊び人だった。暇さえあればパーティーや飲み会を開き、賭け事に興じ、相手役の女優や俳優の卵、政財界の妻など、手当たり次第に手を出した。妻の鶴子との間には子ができなかったが、愛人との間に何人も子供をもうけた。しかも子は、すべて鶴子が引き取って育てたのである。

フランス滞在時も、海軍大臣の娘と昵懇《じっこん》になり、そのつてで本物の艦船二十数隻を用いて、フランス映画『**ラ・バタイユ**』を撮影することに成功したのだ。映画は2年にわたるロングランとなり、諸外国でも上演された。東郷平八郎本人もこの映画を鑑賞したが、甲板に死体が並べられ、そこに東郷役の雪洲がやって来て感に堪えない表情を見せた瞬間、思わず涙を流したと伝えられる。

その後、**イギリスのジョージ五世の前で天覧劇**を見せるなど、東洋人としては前代未聞の活躍をする。ロンドン駅に到着したとき、数万の群衆が雪洲見たさに駅を取り囲んだ。雪洲は用意されたロールスロイスに乗り込もうとしたが、もみくちゃにされてなかなか乗ることができず、ようやく乗り込んだものの、車のガラスは割れ、フェンダーも壊れてしまった。そのうえなんと、ホテルまでの一マイルの距離は、ファンたちが雪洲の乗った車を押して運んだという。イギリスでの芝居も好評のうちに終わり、雪洲は昭和元年（1926）、3年ぶりにアメリカに戻った。このころから田中絹代や水谷八重子、岡田嘉子といった女優たちを相手に日本映画を撮影したり芝居を演じるようになった。

その後、フランスに渡るが、太平洋戦争がはじまると、雪洲は日本にいる鶴子と音信不通の状態になり、戦後になっても連絡がつかない日々が続き、鶴子がフランスの新聞に尋ね人の広告を出したほどだった。これを知った雪洲は帰国を思い立つが、ちょうどハリウッドから映画の出演依頼があり、アメリカへわたってハンフリー・ボガードと『トウキョウ・ジョー』を撮影、さらに『スリー・ケイム・ホーム』を撮り終えた。そんなとき、日本人の知人に促され、ようやく昭和24年、雪洲は日本に戻ってきた。鶴子と子供たちを12年間放置していたのだ。

古希を超えていた雪洲は、デヴィッド・リーンの『**戦場にかける橋**』に出演。昭和32年に映画が公開されると、この作品はアカデミー賞作品賞を受賞。雪洲もアカデミー助演賞にノミネートされた。こうして晩年、雪洲は最後に一花咲かせた。昭和36年に鶴子を失った後も、雪洲は78歳で38歳年下の女性と再婚する健在ぶりを示した。ただ、体力が落ちて仕事ができなくなり、昭和48年、87歳でその生涯を閉じた。

大正といま、ココが同じ

デビュー時ですでに世界を目指す

42

技術革新

路面電車と女性車掌の採用

大正14年

1925年

東京駅が生まれた大正時代は、交通が飛躍的に発達した時代でもあった。明治になると都市部では人力車や鉄道馬車が活躍するようになるが、やがて明治後期に路面電車が登場してくる。日本初の路面電車は、東京でも大阪でもなく京都だった。明治28年（1895）、京都電気鉄道株式会社が、琵琶湖疏水を利用した発電所の電力によって、京都市内と伏見を結ぶ路線を開通させたのである。

東京では、東京馬車鉄道会社が明治36年に東京電車鉄道会社と改称し、品川―新橋間で路面電車が走りはじめている。さらに東京電車鉄道会社は、明治39年に東京市街鉄道会社と東京電気鉄道会社と合併し、新会社の東京鉄道会社が生まれた。

ただ同年の鉄道国有法により、私鉄のほとんどが国有化されたこともあり、同社の路面電車についても市有とすべきだという論がおこり、明治44年、東京市内すべての路面電車は東京市電気局に買収された。

市営となってからも東京の路面電車は発展を続けた。大正5年(1916)には、奥田義人市長が大阪でも実施されている終夜運転を東京市でも考えるべきだと述べるほどになった。ただ、深夜の運転は安眠妨害になるうえ、昼間と比較すると乗客が少ないため、電力や人件費の無駄も多くなるので、とりあえず午前2時ごろまで運転をおこない、その後、次第に時間を延ばしていきたいと語っている。いずれにせよ、24時間営業を考える必要があるくらい、利用者が多くなっていたわけだ。

同年、東京市は市電の運賃値上げを決めた。これに対する反発は大きく、さっそく日比谷公園の松本楼で大規模な反対市民大会が開かれ、「電車値上げは公約を破毀し、市民の公益を蹂躙し、かつ電気局の腐敗、紊乱をますます助長する暴挙なりと認む。よって吾人は極力これに反対す」(時事新報『大正ニュース事典』)という決議文が採択された。しかし結局、値上げは実施されてしまった。

ちなみにこの年、東京市電乗車改正規則が交付されたが、追加された項目がなかなか興味深いので、紹介しよう。

乗客は車内で次のような行為をしてはならないとして、「電車の進行中、運転手に話し掛くること」「演説、説教、勧誘または広告をなすこと」「飲食をなし、煙草を喫い、または痰唾を吐き、もしくは火の付きたる煙草を持ち居ること」「煙草の吸殻、紙屑類その他不潔なる物を車内に棄て、または通行人に危険なる物を車外に棄つること」とある（時事新報『大正ニュース事典』）。

いまでは到底考えられない行為が書かれているが、おそらくこうした乗客の迷惑行為が絶えなかったので、禁止事項として新たに付け加えられたのだろう。

さらに「車掌その他の電車係員に於いて、職務上の必要により、乗客に対してその氏名、住所、居所、年齢及び職業等を示されんことを求めたるときは、乗客は速やかにこれに答えられるべし」（前掲書）とある。

不埒な乗客に対する車掌の権限も強化されたことがわかる。

大正14年になると、東京市は初めて電車に**女性の車掌を採用**することに決めた。明治時代には女工（工女）といって、貧しい農村の少女を労働者として紡績工場や製糸工場で酷使したが、このころになると、女性たちの社会進出も進みはじめ、電話交換手やタイピストをはじめ、さまざまな職業に就くようになった。彼女たちは職業婦人と呼ばれた。東京市では乗合自動車（バス）で女性車掌を採用して好評だったこともあり、大正14年度に約1000人の女性を車掌として採用することにしたと当時の新聞報道にある。ただ、応募者はあまり集まらなかったのか、同年3月20日付の時事新報夕刊には、次のような記事が載っている。

「青山教習所で練習中であった電車女補助車掌六十八名は、いよいよ巣立ってけさ修業式を挙げ、即時巣鴨、新宿、青山南町各出張所へ配属させ、試験的に本電車に乗務させたが、一時間余りできょうはお休みとなった。明二十一日からは毎日午前七時から午後九時まで本式に乗務する」

いずれにせよ、大正時代には路面電車は庶民の足として大いに利用されていたのである。

車内マナー向上の呼びかけ

43
技術革新

地下鉄誕生までの苦労

大正5年
▼
1916年～

意外なことに大正時代には、アスファルトで舗装された道路はなかったのに自動車が走っていた。都会では、タクシーもあれば大型の乗合自動車（バス）もあり、路面電車の補助的役割を果たしていた。

とくに首都の東京はひどい過密都市になっており、**大正9年の国勢調査では東京市内の人口は約217万人。12年前に比較すると56万人も増えている。**それでも人びとの移動混雑を緩和できない状況になっていた。

当時、イギリスのロンドンなどの大都市では地下鉄が走っていた。そこで「**東京にも地下鉄を**」と考えたのが、**早川徳次**であった。

山梨県出身の徳次は早稲田大学法科を卒業し、鉄道院（全国の鉄道を管轄）初代総裁の後藤新平のつてで鉄道院の中部鉄道局に入り、新橋駅で1年間、徹底的に鉄道業務を学び、退職して「私鉄王」と呼ばれた東武鉄道の社長・根津嘉一郎のもとで佐野鉄道や大阪の高野登山鉄道の再建に成功した。その後、東武を離れた徳次は、**鉄道先進国イギリスへの留学**を考え、母校早稲田大学の創業者で総理大臣の大隈重信に頼んで**鉄道院嘱託としてイギリスへ派遣**してもらった。ロンドン市内の地下8路線を見た徳次は、**東京に地下鉄を走らせることを決意。**ロンドンやグラスゴーで地下鉄について学び、さらにフランスのパリやアメリカのニューヨークに赴いて地下鉄の実態を徹底的に調査した。

二年数カ月後の大正5年9月に帰国した徳次は、政財界の有力者に地下鉄の有用性を話してまわったが、35歳の若造の夢物語に取り合う者はおらず、逆に多くが東京の地盤の軟弱さや水分量の多さ、建設費の多額さを理由にその不可を説いた。

しかし徳次は、東京の地質図や井戸の掘削調査図などを用いて地盤が固いこと、湧水量が非常に少ないことを確認。銀座などの街頭で交通量調査を半年間おこない、採算がとれる地域として浅草―新橋間を選んだ。

こうした実証データと詳細な計画をもって、徳次は大隈重信など早稲田関係者のもとを訪れ、**実業家の渋沢栄一**を紹介してもらった。渋沢は地下鉄構想に賛意を示し、

東京市長の奥田義人や東京市会議長の中野武営などを徳次に紹介してくれたので、東京市に地下鉄敷設免許の申請をおこなうことができ、大正6年7月、阪谷三郎など母校の有力者7名を発起人に東京軽便地下鉄道会社を創立したのである。出願ルートは品川から浅草まで。市電だと1時間以上かかるものが、地下鉄なら25分で到着できると主張した。

さらに徳次は、多くの市議会議員に地下鉄構想を熱く語り、各地で地下鉄の効用に関する講演会を開いた。結果、大正6年12月の**東京市議会で徳次の免許申請は万場一致で可決**された。ただ、「線路は地下15メートル以上深くすること。東京市が公益のために地下鉄を買収するときはこれを拒むことができない」という付帯事項がついた。

大正7年2月、議会の決定をうけ東京府知事井上友一は、「**東京府は東京市の決定に異議はない**」と鉄道院に布達。鉄道院の許可が下りれば着工できるので、徳次は鉄道院関係者に必死の政治工作をおこなった。

ところが、これまで地下鉄計画を馬鹿にしていた鉄道関係者が、当局の着工許可が下りそうだとわかると、続々と地下鉄工事の申請をはじめたのだ。いずれも東京軽便地下鉄道会社より資本力が上であった。徳次は涙を流して悔しがったが、負けずに奔走し、大正7年11月に鉄道院の監督局長・佐竹三吾から以下の条件をクリアーできれば免許を許すという内示を受けた。条件とは「多数の有力発起人を追加する。専門家による詳細な地質再調査・建設費の再見積。軌間を市電より広い標準とする」という3つ。

難しいのは有力な発起人だった。そこで東武鉄道の根津嘉一郎に安田財閥の**安田善治郎**を紹介してもらい、彼が発起人を引き受けたことで状況は好転、多くの有力者を含む238名の発起人・賛成人をそろえることができた。条件をクリアーした徳次は、**免許申請の再出願**を果たした。

すると、地下鉄の免許を申請していた鉄道各社が徳次に合併を打診してきたのだ。根津が資本力の弱さを理由に合併を勧めたので、仕方なく徳次は同意した。大正8年11月16日、徳次は**原敬首相より地下鉄敷設の免許を下付**された。ただ、この事業については他の鉄道と異なり、地方鉄道補助法による補助は受けられないこととなった。独力でやるしかないのだ。それでも免許を獲得できたことに徳次は心から喜んだ。

だが、ちょうど日本は**第一次大戦後の戦後恐慌に見舞われて**しまう。徳次の東京軽便地下鉄道も資金難に苦しむことになった。しかし徳次は、大正9年8月に株主を集めて会社の創立総会を開き、社名を東京地下鉄道と改めることを宣言、基本計画を発表した。ところが株主たちは、「会社は解散だ。資金を返せ」と迫るなど、開会当初は騒然たる雰囲気に包まれた。しかし、議長である根津嘉一郎の巧みな議事進行と徳次の説明によって株主の気持ちもおさまり、ついに会社の発足をみたのである。

とはいえ資金調達のメドが立たない。ちょうど旧知の後藤新平が東京市長に就いたこともあり、さっそく徳次は後藤に支援を求めるが、東京市とて金がなく、無理な相談であった。困り果てた徳次がすがりついたのは、外国資本であった。アメリカのファウンデーション会社のドーチー社長が地下鉄計画に賛同し、2000万円の融資を約束してくれたのだ。

こうしていよいよ工事着工の目処が立ったところで、再び不幸に見舞われてしまう。帰国するドーチー社長を見送るため横浜港に来ていた徳次は、ドーチーが船に乗った瞬間、すさまじい揺れに見舞われた。そう関東大震災である。この直下型の地震で東京・横浜は壊滅的な打撃を受けた。「こんな恐ろしい都市に地下鉄など建設するのは

「無理だ」と考えたドーチーが融資を断ってきたのだ。これによって振り出しに戻ってしまったのである。

だが、徳次はこれであきらめる人ではなかった。路線を縮小し、**浅草―上野間2.2キロだけ開通**させてしまうことにしたのだ。資本は、大倉財閥から借りることができた。「大倉土木に工事を請け負わせてくれたら、工事費は竣工後に手形払いでかまわない。現金払いなら完成後1年以内に支払ってくれればよい。利率も日本銀行の公定歩合に0.3パーセント上乗せしてくれるだけでかまわない。とにかく期限内に工事は完成させる。遅れる場合は1日ごとに違約金を加算して支払う」と言ってくれたのだ。

こうして大正14年9月27日、ついに上野山下町で起工式が挙行された。関係者が大勢集まるなかで、専務取締役であり実質的な東京地下鉄道の経営責任者である徳次も挨拶をおこなった。徳次は、奇しくもこの日がちょうど100年前、イギリスで世界最初の鉄道がダーリントンからストックインまで開通した日であった奇縁を披露し、それを神の摂理だと述べた。

徳次が地下鉄を東京に走らせようと決意してから11年の時が過ぎていた。

後に徳次は、この日のことを回想して「自分の生涯において、最大の歓喜」だったと語っている。工事の途中でガス管から吹き出たガスが引火したり、豪雨でトンネル内に水が入り込んで道路を陥没させたりと、アクシデントがたびたび発生したが、工事は順調に進み、昭和2年（1927）12月21日に竣工した。現在の東京メトロ銀座線の一部である。こうして東京の地下を鉄道が走り始めたのである。

100年でココが変わった！

東京の巨大地下鉄網

44
文化・芸能

美しいアイヌの文学を残して逝った少女

大正11年

1922年

大正時代の文学界では、芥川龍之介、有島武郎、永井荷風、谷崎潤一郎など多くの作家がおり、プロレタリア文学も全盛期を迎えた。けれど、ほとんど教科書に載らないものの、素晴らしい女性文学者がいる。それが**知里幸恵**《ちりゆきえ》である。幸恵は、明治36年（1903）に知里高吉とナミの長女として北海道幌別郡登別村（現登別市）で生まれた。彼女はアイヌであった。非常に聡明だったが、女子職業学校のクラスメートはみんな和人で、「クラスのなかには『ここはあんたのくるところじゃないわよ』というのもいて、彼女を仲間にいれてくれなかった。それで彼女は、帰りには『悲しくって、悲しくって涙をポトポト落としながら、あすから、こんな冷淡な人たちの中に来るもんか、来るもんかと思った』」（藤本英夫著『銀のしずく降る降るまわりに』草風館）という。

そのうえ幸恵は、心臓に障害を持っており、身長も134センチと小柄だった。

知里幸恵（右）と大正12年に刊行された『アイヌ神謡集』（左）

大正7年の夏、**金田一京助**が幸恵の祖母モナシノウクと会うために東京からやって来た。金田一は、東京帝国大学文科大学を出てアイヌ語学を研究していた新進気鋭の学者。このとき幸恵とはじめて会った金田一は、自伝『私の歩いてきた道』（日本図書センター）にこんな感想を残している。

幸恵は金田一に「先生は、私たちのユーカラのために、貴重なお時間、貴重なお金をお使いくださって、ご苦労なさいますが、私たちのユーカラはそういう値打ちがあるものなのでしょうか」と率直に尋ねたという。**ユーカラ**

とは、**アイヌの叙事詩**のことである。

金田一は「叙事詩というものは、民族の歴史でもあると同時に文学でもあり、また宝典でもあり、聖典でもあったものだ。それでもって、文字以前の人間生活が保持されてきたのだ。そういうことがわかっているけれども、いまの世にそれをなおそのまま伝えている、という例は、世界にユーカラのほかにない。だからわれわれがいまこれを書きつけないと、あとではみることも、知ることもできない、貴重なあなた方の生活なんだ。だから私は、全財産をついやしても、全精力をそそいでもおしいと思わないからこうやっている」と熱く語った。

感激した幸恵は、大きな目にいっぱいの涙を浮かべ、「先生、はじめてわかりました。私たちは今まで、アイヌのことといったら、なにもかも、恥ずかしいことのようにばっかり思っていました。そういう貴重なものを、アイヌとは縁もゆかりもない先生が、そのように思ってくださいますのに、その中に生まれた私たちは、なんというおろかなことだったでしょう。ただいま目が覚めました。これを機会に決心いたします。私も、全生涯をあげて、先祖が残してくれたこのユーカラの研究に身を捧げます」(前掲書)と断言したという。

幸恵は言われなき差別を受けてきたが、これを機に自分に流れるアイヌ民族の血に誇りを持つようになった。そして、アイヌの伝統文化のために生涯を捧げようと決心した。

以後、金田一と幸恵の文通による交流がはじまり、幸恵は変わっていった。いじめにくじけず学校に行き、差別されても馬鹿にされても、勉強ができずに困っている子に丁寧に教えてあげ、自分のできる限りの親切を級友に与えた。これにより、幸恵に対する級友の態度は軽蔑から信頼へと変化していった。

金田一は、あるとき幸恵からノートを受け取った。そこには、びっしりと**アイヌ語の叙事詩**（**ユーカラ**）と**日本語訳**が記されていた。これを手にした金田一は「あまりに立派な出来で私は涙がこぼれる程喜んで居ります」と大いに感激した。

たとえば、「梟の神の自ら謳った歌　銀の滴降る降るまわりに、金の滴降る降るまわりに」と題する幸恵が訳したユーカラの一節を紹介しよう。

「歌いながらゆっくりと大空に私は輪をえがいていました。貧乏な子は片足を遠く立て片足を近くたてて下唇をグッと嚙みしめて、ねらっていてひょうと射放しました。小さい矢は美しく飛んで私の方へ来ました。それで私は手を差しのべてその小さい矢を取りました。クルクルまわりながら私は風をきって舞い下りました」（知里幸恵著『アイヌ神謡集』岩波文庫）

最初のノートを送ってから5カ月後、さらに幸恵は2冊のノートを金田一宅に郵送した。その文章はさらに洗練されており、金田一は一気に最後まで読破してしまった。このアイヌの少女の才能を世に知らしめたい、アイヌの叙事詩を出版したいと願うようになった金田一は、知人の柳田國男や渋沢敬三に見せたところ、彼らも驚いて「すぐに出版しよう」という話にまとまった。そこで金田一は盛んに幸恵に上京を求めるようになった。

かなり躊躇していた幸恵だが、大正11年5月半ば、ついに東京にやって来た。ただ、彼女が自分の容姿にコンプレックスを抱いていたことが、上京したばかりの6月の日記から見て取れる。

「お湯にゆく。自分の醜さを人に見られることを死ぬほどはづかしがる私は、何といふ虚栄者なんだらう。これでももし人並に、あるひは人以上に美しい肉体を持ってゐたら、自分以下の人に見せびらかして自分の美をほこるのであらうに。私にふさはしくないものを神様が私にあたへ給ふ事はない。私には何うしてもなくてはならぬ物かも知れない。私はあたへられた私のものを、何のはづる事があらう。神様の目からは、さういふ美醜などは何の差別もなく、みな一つのものではないか。尊い賜である肉体を醜いと云って愧ぢてゐた私。神様に何といふ私は親不幸（ママ）な子なんだらう。美しい、醜いなどといふ事を何処から割出してきめた事なんだらう。独決！　美しくてもみにくゝてもいゝではないか。みんな人間だ、みんなおなじに神の子ではないか。親の愛は美しい子にばかり偏るであらうか。否。肉体の美醜は親の愛をちっとも変らせる事はない筈だ。私はたゞ感謝する。感謝する」（知里幸恵著『銀のしずく　知里幸恵遺稿』草風館）

このように自分の醜さを恥じる気持ちを後悔している。しかし、アイヌであることを恥じていたわけではない。7月の日記を見ると、それがよくわかる。

「岡村千秋さまが、『私が東京へ出て、黙ってゐれば其の儘アイヌであることを知られずに済むものを、アイヌだと名乗って女学世界などに寄稿すれば、世間の人に見さげられるやうで、私がそれを好まぬかも知れぬ』と云ふ懸念を持って居られるといふ。さう思っていたゞくのは私には不思議だ。私はアイヌだ。何処までもアイヌだ。何処にシサム（日本人）のやうなところがある。たとへ、自分でシサムですと口で言ひ得るにしても、私は依然アイヌではないか。つまらない、そんな口先でばかりシサムになったって何になる。シサムになれば何だ。アイヌだから、それで人間ではないといふ事もない。同じ人ではないか。私はアイヌであったことを喜ぶ。私がもしシサムであったら、もっと湿ひの無い人間であったかも知れない。アイヌだの、他の哀れな人々だのの存在をすら知らない人であったかも知れない。しかし私は涙を知ってゐる。神の試練の鞭を、愛の鞭を受けてゐる。それは感謝すべき事である。アイヌなるが故に世に見下げられる。それでもよい。自分のウタリ（仲間）が見下げられるのに私ひとりぽつりと見あげられたって、それが何になる。多くのウタリと共に見さげられた方が嬉しいことなのだ。それに私は見上げらるべき何物をも持たぬ。平々凡々、あるひはそれ以下の人間ではないか。アイヌなるが故に見さげられる、それはちっともいとふべきことではない。ただ、私のつたない故に、アイヌ全体がかうだとみなされて見さげられることは、私にとって忍びない苦痛なのだ。おゝ、愛する同胞よ、愛するアイヌよ！！！」（前掲書）

差別に対する強い憤りとアイヌであることを誇る強い自尊心が日記からひしひしと伝わってくる。

幸恵は、金田一にアイヌ語を教え、彼から英語を学んだ。また、読書や裁縫、さらに金田一家の赤子の世話をして屋内で過ごしていた。ただ、7月からときどき動悸に苦しむようになり、8月に病状が重くなった。北海道の涼しい夏とは比較にならない東京の蒸し暑さが、幸恵の心臓に負担をかけたのだろう。いったん9月に帰郷しようとしたが、金田一の同級生である九州大学教授の小野寺医師の診察によって10月にずらすことにした。小野寺は、無理をしないで生活すれば生きることはできるが、結婚は「不可」と診断した。これは19歳の彼女にとって重大な宣告であった。しかしそれを神の試練と受け止め、アイヌが語り継いできた文芸を後世に残すことが使命だと思い直した。

病状が改善することはなく、幸恵は死の予感を覚えるようになった。両親宛の手紙には、

「神様は私に何を為させやうとして此の病を与へ給ふたのでせう。私はつくづく思ひます。私の罪深い故か、すべての哀楽喜怒愛慾を超脱し得る死！それさへ思出るんですが（略）今一度幼い子にかへって、御両親様のお膝元へ帰りたうございます」（前掲書）

9月19日、渋沢敬三が幸恵の原稿をタイプライターで打ち出したものを幸恵は校正し終えた。しかし無理がたたったのか、にわかに体調が急変し、心臓麻痺を起こして帰らぬ人になった。まだ19歳であった。

それからおよそ1年後の大正12年8月、幸恵の書いた『**アイヌ神謡集**』が世に出た。もし彼女が生きていたら、どんなにか喜んだことだろう。

この本の中で金田一京助は、「知里幸恵さんのこと」と題する一文を寄せた。「知里幸恵さんは石狩の近文の部落に住むアイヌの娘さんです」「唯々この人にしてこの病ありと歎かわしいのは心臓に遺伝的な固疾をもって、か弱く生い立たれたことです」「それでも在校中は副級長に選まれたり、抜群の成績を贏《か》ち得て、和人のお嬢さん達の中に唯々ひとりのアイヌ乙女の誇を立派に持ち続けました」と述べた後、知里の文章の優麗さと、彼女が種族の文芸を残そうと一生を捧げた決意を誉め称えた。

さらに、そんな彼女が若くして亡くなったことを記し、幸恵が残した文章が「種族内のその人の手に成るアイヌ語の唯一のこの記録はどんな意味からも、とこしえの家宝である。唯この家宝をば神様が惜しんでたった一粒しか我々に恵まれなかった」ことを心から悔やみつつ、追記とした。

幸恵自身、自書（『アイヌ神謡集』）の「序」のなかで、この本についての熱い気持ちを吐露している。

「僅かに残る私たち同族は、進みゆく世のさまにただ驚きの眼をみはるばかり、しかもその眼からは一挙一動宗教的感念に支配されていた昔の人の美しい魂の輝きは失われて、不安に充ち不平に燃え、鈍りくらんで行手も見わかず、よその御慈悲にすがらねばならぬ、あさましい姿、おお亡びゆくもの……それは今の私たちの名」

アイヌが滅びゆく現状を歎きつつも、先祖の言葉や伝えてきた詩がこのまま消失することを「あまりにいたましい名残惜しい事」だと考え、自分が筆をとったのだと語る。そして最後に、「私たちを知ってくださる多くの方に読んでいただく事が出来ますならば、私は、私たちの同族先祖と共にほんとうに無限の喜び、無上の幸福に存じます」

と願いを込めた。それから半世紀以上の月日が流れた1978年、知里幸恵の**『アイヌ神謡集』**は、**岩波文庫の一冊**に載録された。

大正といま、ココが同じ

『アイヌ神謡集』は読み継がれてロングセラー

45

文化・芸能

大正期を代表する二人の画家の退廃的な生活

大正時代には洋画や日本画の分野で多くの画家たちが活躍した。明治40年（1907）に文展（文部省美術展覧会）がはじまり、日本画・洋画・彫刻の3部門がつくられ、美術作品発表の場となったが、これに触発され、大正期に画家たちの創作活動が活発化していった。

やがて文展に対抗して梅原龍三郎らが洋画団体「二科会」（1914）を設立、安井曾太郎や小出楢重《ならしげ》らがこれに参加した。また岸田劉生らも「春陽会」（1922）をつくった。当時の代表的な作品としては「金蓉」（安井曾太郎）、「紫禁城」（梅原龍三郎）、「もたれて立つ人」（萬鉄五郎）、「海」（古賀春江）、「エロシェンコ氏の像」（中村彝《つね》）などがある。

いっぽう日本画の分野では、横山大観らが中心になって大正2年（1913）に日本美術院を再興し、展覧会（院展）が開始された。反文展の立場をとった展覧会だ。

画家としては、下村観山や前田青邨《せいそん》らが活躍した。

代表的な日本画作品としては「築地明石町」（鏑木清方《かぶらききよかた》）、「生々流転」（横山大観）、「髪」（小林古径）、「洞窟の頼朝」（前田青邨）、「炎舞」（速水御舟《ぎょしゅう》）、「大原女」（土田麦僊《ばくせん》）、「夢殿」「風神雷神」（安田靫彦《ゆきひこ》）などがある。きっと目にした作品も多いであろう。

なお、土田麦僊らも文展のあり方に不満を持ち、西洋美術と東洋美術の融合や新しい日本画の創造をかかげて国画創作協会（1918）を組織した。

ただ、当時の国民がより親しみをもっていたのは、本や新聞の挿絵やポスターだった。なかでも知名度が格段に高かったのが、「**黒船屋**」を代表作とする**竹下夢二**である。

「青年画家竹久夢二氏が（略）遂に大いなる眼の殊に美しき人を配せしめ給ひ、先の頃目出度く結婚の式を挙げ、牛込宮比町に新宅を構えたりとぞ。それかあらぬか、此頃氏の描く婦人の眼が殊に大きくなりけるは、蓋《けだ》し夫人をモデルとするに依《よ》れるなりと、口善悪なき京童の噂とりどり」

これは「平民新聞」に掲載された竹久夢二の結婚を報じる記事。夢二は「眼の画家」だといわれる。彼の描く女性は、こぼれ落ちそうな潤んだ大きな眼を持っている。そうした「夢二式の女」は、**岸たまき**との出会いによって生まれたとされる。

夢二は画家になりたくて17歳のときに実家を出て雑誌などに挿絵を投稿して生活していた。あるとき夢二は、早稲田鶴巻町の絵葉書屋「つるや」で、店番をしていた女に一目惚れをする。それが、岸たまきであった。たまきは結婚して2人の子をもうけたが、夫が急死したため、兄の資力で「つるや」を開いていたのだ。夢二は毎日「つるや」へ通い、自分の絵を売り込むとともに、たまきに交際を迫った。押し切られるようなかたちで、明治40年正月、たまきは夢二と同棲をはじめた。出会ってから2カ月後のことだった。夢二は24歳、たまきは26歳であった。

デカダンスに生きた竹久夢二

翌年2月、長男の虹之助が誕生する。ところがその翌年、夢二はたまきと協議離婚している。嫌気がさして別れたわけではない。夢二の父・菊蔵が、家事ができないたまきに不満で、2人の仲を引き裂いたのだという。ただ、夢二にとっても形式的な結婚制度は自由を束縛すると考えていたから、あえて父の言いなりになったようだ。実際、夢二が入籍したのは、虹之助の妊娠がわかった後だった。おそらく、たまきが入籍を求めたのだろう。ただ、離婚後も夢二は、10年近くにわたりたまきと同居と別居をくり返す奇妙な関係を続けた。

「待てど　暮らせど　来ぬ人を　宵待草《よいまちぐさ》の　やるせなさ　今宵は　月も出ぬぞいな」

これは、夢二が**お島**という女性を偲んで歌ったもの。お島は夢二のつけた愛称で、本名を**長谷川賢**という。明治43年8月、千葉県の銚子海鹿島に避暑で訪れた夢二は、彼女と出会い、激しい恋に落ちた。だが、翌年再訪したとき、お島は遠く鹿児島に去った後だった。そのときの失意を歌にしたのが、この『**宵待草**』である。

ただ驚くべきは、お島と出会った海鹿島に、夢二はたまきも伴っていたのだ。このように夢二は、事実上の妻であるたまきに遠慮することなく、おおっぴらに他の女性を愛した。

なのに夢二は、たまきが他の男と浮気することは許せなかった。大正3年（1914）、夢二は日本橋区呉服町に絵草紙店「港屋」を開いた。店はたまきが切り盛りしていたが、やがて彼女は夢二の弟子である東郷青児と肉体関係を持つ。翌年、これを知った夢二は、富山の泊温泉でたまきに斬りつけたのである。これを機に、ついに奇妙なたまきとの関係に終止符が打たれた。

その後夢二は神楽坂の芸妓に入れ込み、さらに12歳年下の画学生・**笠井彦乃**と京都で同棲する。不幸にも彦乃が25歳で世を去ると、今度は絵のモデルになった17歳の**お葉**（**佐々木カ子ヨ**）と恋に落ち、世帯を持った。ところが彼女が自分を束縛するようになると、**山田順子**という女のもとへ走ったのである。

「人形よ人形よ、もうおん身に決してよき母たれと言はない、賢き主婦たれと強いない、無邪気にしてやさしき人形として私のものであれば好い。あゝ、よき人形よ、私が帰るまでにはおしゃれをして、美顔術へでも往つて、美しい人になつて、迎へにきてくれたまへ」

これは、明治43年5月に最初の妻たまきにあてた書簡だ。「無邪気にしてやさしき人形」――それが夢二が追い求めた理想の女性であり、彼の画に登場する、憂いを含んだ大きな眼の女は、その理想を二次元上に表現したものであった。だが、いくら女性を遍歴しても、ついに夢二は理想の女と邂逅できず、昭和9年（1934）、49歳で寂しく生涯を閉じた。

もう一人、大正時代から昭和初期に活躍した洋画家である**岸田劉生**について語ろう。劉生は、明治24年（1891）、吟香の子として生まれた。劉生とは何とも珍しい名だが、これは画号ではなく本名だ。名付けたのは父の吟香だった。ちょうど出産の直前、吟香は上海に出張しなくてはならず、妻の勝子に「生まれた子が男なら、卯年にちなんで劉生と名付けよ」と伝言したという。「劉」は、中国では「卯」を意味する文字なのだそうだ。

劉生の実父・吟香は、多才な人物として世にその名を知られていた。美作《みまさか》国久米郡埏和《はが》村（現岡山県美咲町）の農民だったが、江戸や大坂に遊学し、一時尊攘派の志士として行動した。その後、横浜で『海外新聞』などの新聞の創刊にかかわるとともに、ヘボン博士より伝授された眼薬の販売をはじめた。やがて『東京日日新聞』の記者となって台湾出兵に従軍、その記事でジャーナリストとして名を成すいっぽう、楽善堂薬舗を設立して眼薬の販売を大々的に開始した。商売は中国各地に支店を出すまでに繁盛し、貿易品も取り扱うようになった。

そんな名士の子である劉生だが、父の影響は意外に薄い。劉生が14歳のとき、吟香は死去しているからだ。また、この年、母も没した。ただ、劉生は8番目の子だったうえ、下に5人の弟妹がいるから、賑やかな雰囲気の中で育ったのは間違いないだろう。

岸田劉生といえばやはり、「**麗子五歳の像**」にはじまる**麗子像の連作**が思い浮かぶだろう。劉生は22歳のとき、一つ年下の**小林蓁**《しげる》と結婚した。蓁は鏑木清方から日本画を学んでおり、フュウザン会展覧会に出品された劉生の作品に感激し、みずからコンタクトをとってきたのだった。実際に会ってみて2人はすぐに恋愛関係に落ち、わずか数カ月後に結婚している。そして翌年、麗子が誕生したのだ。だが、新婚早々、劉生は気が強い蓁としばしば衝突、癇癪を起こすなどして2人の間に何度も離婚の危機が訪れた。しかし、娘の麗子のことは大変可愛がり、「余好んで娘麗子を写し、その数既に幾十に及ぶ」と自ら書いているように、死ぬ直前まで彼女をモデルに絵を描き続けた。このため膨大な麗子像が残ることになり、私たちはそこから劉生の作風の変遷を知ることができるのである。

劉生は20代からその才能を存分に発揮し、一躍、**日本画壇の寵児**となった。ところが大正12年、彼の人生を大きく狂わせる出来事がおこった。関東大震災だ。これにより神奈川県鵠沼の屋敷が半壊、劉生は京都南禅寺草川町に移転することになった。ところが、その傲慢な性格が災いし、東京を離れたことも手伝って、劉生は画家仲間に忌避され、所属する春陽会からの脱退を余儀なくされてしまった。しかもこのおり、自分に付いてくると信じていた友人の木村総八と中川一政が、そのまま春陽会に残留したのだ。これが、劉生の心を決定的に傷つけたといわれ、以後、茶屋遊びに没入して酒と女におぼれ、再び鎌倉に転居するも、その生活はいっそう破綻の色を濃くし、ついに健康を損ない、**38歳の若さで急死**してしまった。もし長生きしていれば、多くの傑作を残したろうに惜しいことである。ちなみに15歳のとき父を失った麗子は、当初、画家を目指したようだが、その後、武者小路実篤に師事し、彼の演劇活動に参加して女優として活躍している。結婚後は和歌山に住み、晩年、父の伝記を書き上げた。

100年でココが変わった！

芸術家＝退廃的は過去の話

46

技術革新

少し早まったラジオ放送の開始

大正14年
▼
1925年〜

ラジオ実験を成功させたのは、カナダのレジナルド・フェッセンデンだった。明治33年（1900）のことであるが、世界初のラジオ放送は、大正9年（1920）にアメリカのピッツバーグKDKA局がおこなったもの。それからたった4年半後、早くも日本でラジオ放送がはじまったのである。これは世界で12番目になるという。

当初はもう少し遅く開始する予定であった。ところが関東大震災で流言が飛びかい、朝鮮人や中国人が自警団などの民衆によって殺される悲劇が起こったため、**治安維持の観点から政府は放送を前倒しさせた**のだ。

大正14年（1925）3月1日午前9時過ぎからいよいよ**東京で試験放送**がはじまった。

なんとこの放送は、芝浦の東京高等工芸学校内から発せられた。当時の新聞報道に

関東大震災の教訓からラジオ放送開始が前倒しされた

よれば、まず天気予報やニュースが読み上げられた。さらに連続映画小説「大地はほほえむ」などが朗読された。その後、午後3時から吉田晴風夫妻、宮城道雄の尺八、琴、三弦の3曲合奏で「六段」と「千鳥」が演奏されたという。

仮放送のスタートは3月22日から。まずは高々と海軍軍楽隊のマーチが流れ、その後、「アーアー、聞こえますか。JOAK（東京放送局）、JOAK、こちらは東京放送局であります。こんにち只今より放送を開始致します」というのが、第一声だったといわれている。

さらに後藤新平総裁の挨拶と逓信大臣だった犬養毅の祝辞などがあった。
こうしてJOAKのラジオ放送がスタートしたが、7月から放送局は愛宕山に移り本放送となった。

これより前の5月にJOBK（大阪放送局）、6月にJOCK（名古屋放送局）が開局する。ちなみにJOBKは、三越呉服店大阪支店の屋上から放送された。
この3局はもともと独立の公益法人だったが、政府はメディア統制の観点から3局の合併をすすめ、大正15年8月、**社団法人NHK（日本放送協会）**が**創立**された。なお、民間のラジオ局の設置は認められず、NHKもまた国営放送機関として政府の厳しい統制をうけ、軍国主義が進むにつれ、政府の情報宣伝の機関となっていったのである。

ただ、放送局は全国にネットを張るようになっていき、JOAKは1日7時間放送したが、放送内容もニュースだけでなく歌謡、スポーツ中継、ラジオドラマなど多彩に広がってゆき、そのおかげで、流行歌の爆発的ヒットやスポーツの大衆化がみられるようになった。現在でも放送されているラジオ体操は、昭和3年（1928）の江木理一アナウンサーの声からはじまった。なお、この年、受信者は50万人に達した。当初、受信料が年間12円だったこともあり、開局した大正14年には3500人の受信者でスタートしたラジオだが、すぐに人数は5万人に増え、放送開始からわずか3年間で50万人が聴く巨大なメディアに成長したのである。

ちなみにこの時期、各府県が独自に税をかけることが流行しており、大正14年11月に茨城県が議会でラジオ税の徴収を提案した。これにNHK東京放送局が猛反発し、ラジオを管轄する逓信省に陳情するとともに、ラジオファンと呼応して茨城県当局と争った。政府や業界が反発したこともあり、結局、茨城県は課税を断念した。

コレ、大正に始まりました ―― NHKの全国放送

47
文化・芸能

出版界の革命
――週刊誌・大衆雑誌・円本の登場

大正14年
1925年～

大正14年（1925）、大日本雄弁会講談社（現講談社）から**大衆娯楽雑誌『キング』**が創刊された（発売は前年11月）。値段は50銭。なんと創刊号は62万部を売り切ったともいわれる、化け物雑誌の誕生であった。

もともと社長の野間清治は、弁論誌『雄弁』や講談速記を中心にした『講談倶楽部』などを発刊していた。やがて『講談倶楽部』で落語や浪花節速記をはじめると、講談速記の第一人者である今村次郎が浪花節速記を載せるなと抗議してきた。これに野間は反発して、講談速記の掲載をやめてしまう。そして、これに代わる文章として、あらすじの面白い一般向けの娯楽小説を掲載するようになった。これがいわゆる**大衆小説**の本格的なはじまりである。

大衆小説は、国民に人気を博し、他の雑誌、さらには新聞にも急速に数多くの作品が掲載されるようになり、多くの雑誌が大衆小説を中心に記事が編集されるようになった。この頃の人気作品としては、中里介山の『大菩薩峠』、岡本綺堂の『半七捕物帖』などが有名である。

なお、この大衆雑誌『キング』を出すにあたり野間は、同誌を世界一の部数をほこる大雑誌にしようと5年間調査研究をおこなったうえで、創刊に踏みきったと伝えられる。

耳に残る印象的な謳い文句で新聞紙上に1ページ広告を載せるなどの大宣伝の結果、先述のとおり創刊号は驚異的な売り上げを見せた。さらに昭和2年（1927）の新年号では発行部数が100万部を突破するという巨大メディアになったのである。雑誌の内容は、大衆小説にくわえ、成功物語や道徳物語などが中心だった。

ただ、昭和18年になると、『キング』は敵性言語だとして3月号より『**富士**』と**改題**されてしまう。昭和21年1月号で復題するが、その後はなかなか部数が伸びず、残念ながら昭和32年の12月号で終刊したのである。

新聞の中にも100万部を超えるようなものも登場してくる。また、大正11年に『**サン**

デー毎日』や『**週刊朝日**』といった本格的な週刊誌が登場した。さらに『**主婦の友**』といった女性雑誌や鈴木三重吉の『**赤い鳥**』（１９１８）など児童雑誌が創刊されたのもこの時期のことである。

総合雑誌についても、大正８年（１９１９）に山本実彦が発刊した『**改造**』は、たちまち滝田樗陰《ちょいん》の『中央公論』と並ぶ人気となった。マルクス主義や新知識を紹介したことが人気の一因だったとされる。このほか、植民地を否定する小日本主義をとなえる石橋湛山の『**東洋経済新報**』も、反帝国主義を主張するなどして注目を集めた。労働運動や社会・共産主義の高まりによって**プロレタリア文学**（労働者文学）**運動**がおこった。雑誌『**種蒔く人**』（１９２１）、『**文芸戦線**』（１９２４）、『**戦旗**』（１９２８）などを拠点に多くのプロレタリア作家が活躍した。葉山嘉樹の『海に生くる人々』（１９２６）、徳永直の『太陽のない街』（昭和４年／１９２９）は有名だ。近年、ブームになった小林多喜二の『**蟹工船**』もこの時期の作品である。

　こうした出版界の隆盛は、義務教育の就学率の上昇と高等教育の充実が関係している。**日本人のほとんどが文字を読めるようになった**ことで読者層が爆発的に増加し、出版文化が花開いて大量の出版物が供給されるようになったのである。先述のとおり、原敬内閣のときに大学令が制定され、高等学校令が改正（1918）された。これにより、私立大学や単科大学、専門学校などが続々と創られるようになったのだ。教育の拡充は大戦景気のもと、技術者や俸給生活者の不足に対応するためだった。ちなみにこの時期の教育だが、**大正自由教育運動**といって、子供の個性を尊重する自由な教育を目指す運動がおこっている。たとえば羽仁もと子は、**自由学園**（1921）を創設し、自由教育を実現しようとした。

書籍についても大量生産方式による出版がはじまっていく。これを最初に実行したのが改造社だった。同社は大正15年（1926）12月に、菊判（A5判よりやや大型サイズ）の6号活字3段組で、平均約300ページの体裁の書籍を当時としては破格の1円という廉価で販売することに踏みきった。これを円本という。

最初に出されたのは『**現代日本文学全集**』で、予約を募ったところ、なんと**30万を超える予約が殺到**、そのため全37巻のところを最終的には63巻としたそうだ。

改造社の大成功を目の当たりにして、新潮社、春陽堂、春秋社などがこれをまね、昭和初期は円本全盛時代となった。また、昭和2年になると、今度は岩波書店が文庫本の出版を開始、大成功をおさめたため、2年後には改造社がこれに追従、100ページ10銭を売りとした。さらに昭和8年には新潮文庫が創刊された。こうして大正時代末から読者層の底辺が一気に拡大し、出版界は活況を呈したが、円本と文庫本のために価格破壊が起こり、円本以外の良書の刊行が困難になるという弊害も見られた。

コレ、大正に始まりました

週刊誌と総合雑誌

48

文化・芸能

洋風化が進む大正時代の衣食住

大正12年▼

1923年～

大正時代、日本人の生活様式は大きく変わっていった。**都市部ではガスや水道のインフラも整備**された。また、電気は郊外の農村部にも行き渡り始め、**家の明かりもランプから電灯に変わり**、街頭が夜の街を照らすようになった。すでに明治中期から各地に小規模な火力発電所がつくられていたが、大正期には大規模な**水力発電による猪苗代第一発電所が東京への送電を開始**。これにより、大都市東京は不夜城になった。電気は路面電車を動かし、工場やオフィスの照明、デパートのショーウインドウの照明となった。

ちなみに日本で初めてのデパート（百貨店）は、明治37年（1904）に誕生した三越百貨店である。三井呉服店が越後屋呉服店と合併して出来た店で、三越という名称は「三井」と「越後屋」から一字ずつとったものである。なんと三越百貨店は、店内が畳敷きになっており、開店当初は入店するのに下足を脱いで入った。明治42年に

銀ブラを楽しむモガファッションの女性たち

なると三越百貨店は鉄筋コンクリート5階建てとなったものの、それでもやはり店内には下足番がおり、靴や下駄を預けて入店した。**靴を履いたまま店内に入れるよう、床をタイル張りにしたデパートの最初は白木屋**だった。大正12年（1923）5月に神戸に出張所（支店）を開いたさい、土足での入場を容認したのだ。ちょうどこの年の9月、関東大震災で首都圏のデパートは壊滅的打撃をうけ、その多くが建て直しや大改装をしたが、これをきっかけに銀座の松屋を筆頭に、次々と土足入店になっていった。

当時、流行の発信基地は東京の銀座であった。この時期、そんな最先端の銀座あたりをぶらぶらと散策するのを「銀ブラ」と呼ぶようになった。もともと三田の慶應義塾大学の学生たちが銀座に繰り出したことが語源だとするが、そのほかにも諸説あって本当のところはわからない。銀座の街にはおしゃれな若者たちが集まってきた。**断髪・洋装姿**で、**夜の銀ブラをする若い女性**たちもおり、彼女たちを俗に**モガ**と呼んだ。モダンガールの略である。その多くは、アメリカの銀幕女優で性的な魅力を持つ「イット・ガール」と呼ばれた**クララ・ボー**のファッションをまねた。**ハイヒール**を履き、**ダブダブで裾にフレアの入ったドレス**を身につけ、**短い髪は頬のところで大きくカール**させた。

一方、**モボ**（モダンボーイ）は、アメリカで活躍した映画俳優**ルドルフ・ヴァレンチノ**をマネして**髪の毛を真ん中**でわけ、**もみあげを長く**した。服装は**ラッパズボンにロングコート**が圧倒的だった。モボ・モガも裕福な家の子女が多かった。若者で彼らに共感する人もいたが、世間一般の目は彼らに冷たく、大半が軽佻浮薄《けいちょうふはく》だと軽蔑していたようだ。

大正期は、こうした洋装も都会では増えてきた。ただ、いまと違うのは、洋装の男性は必ずといってよいほど**ハンチング**、**カンカン帽**、**中折れ帽子**など帽子をかぶっていた。また、**ステッキ**を持つ紳士も多かった。

こうした紳士たちの間では**カフェー**に行くのが流行するようになる。といっても、いまでいう喫茶店ではない。飲食店ではあるものの、店に入ると**白エプロンをつけた女給と呼ばれる女性が丁寧に飲食の接待をしてくれる店**だった。現代のメイドカフェに似ているかもしれない。当初は作家や画家などの知識人が集まるサロン的な店だったが、昭和になると次第に大衆化し、享楽的なものに変貌していった。

もちろん純然たる喫茶店も存在した。明治末年、食料品店などが店の片隅に喫茶コーナーを設け、それがやがて現在の喫茶店に発展していった。レストランは**家族食堂**と呼ばれたが、デパートの食堂が盛況だったことからこちらが一般に広まって、現在のレストランとなっていった。洋食の普及により、西洋料理店もあちこちに生まれた。また、**ライスカレー**、**とんかつ**、**コロッケ**は一般家庭でもつくられるようになり、俗に三大洋食と呼んだ。とくにコロッケは大流行で、大正6年には「**コロッケの歌**」もヒットした。

さて、デパートに話を戻そう。

第一次世界大戦後の鉄道の発達により、デパート各社は**ターミナルデパート**を出店していくが、その最初となったのが、小林一三が経営する**阪神急行電鉄**の**大阪梅田の阪急百貨店**だった。当初は白木屋に建物を貸していたが、大正14年から「阪急マーケット」を直営するようになり、生鮮食品なども販売された。このターミナルデパートは鉄道の乗客を増やすのが狙いだったが、すでに小林は鉄道沿線に動物園や遊園地、宝塚温泉や宝塚少女歌劇団などをつくり、一大歓楽地とし、沿線の宅地造成にも力を入れた。

大賑わいのデパートの食堂

別項で述べたように東京は過密都市になっており、スラムなども増え、住環境が悪化していた。大戦景気のなかで中産階級が急増すると、渋沢栄一・秀雄父子は中野武営らとともに**俸給生活者**（サラリーマン）などが**30分程度で東京へ電車通勤できる緑豊かな田園都市**をつくろうと計画した。これが**田**

園調布である。この構想に小林一三も積極的に協力、大正12年8月から分譲を開始した。翌月、関東大震災で首都が壊滅状態になったこともあり、都心に住むことを恐れた中流層に田園調布は爆発的な人気となった。

こうした郊外には、**文化住宅**と呼ばれる家屋が次々に建てられていった。和洋折衷の小住宅である。文化住宅が一躍脚光を浴びたのは、大正11年（1922）3月に東京上野で開かれた平和記念東京博覧会に14棟の文化住宅が展示されたのがきっかけ。この住宅群は**文化村**と呼ばれ、全国各地から説明書や図面の要求が殺到した。これを機に田園調布など各大都市の郊外に文化村がつくられ、こうした和洋折衷の住宅に住むことが当時の中産階級の憧れとなった。その間取りや構造だが、10畳ほどの洋間（リビング）の応接間に、8畳間1〜2部屋、6畳間2〜3部屋があり、ガスと水道が完備され、縁側をなくしガラス窓をつけ、リビングを中心とした椅子による欧米式生活、個室の確保がなされたことに特徴があった。またその多くが、瓦屋根が赤で葺かれていた。

ちなみに**「文化」と冠するのは、当時の流行だったからだ。**合理的でおしゃれな品物に、文化鍋、文化コンロなど、**文化をつけるのが流行**したのである。

コレ、大正に始まりました
デパートの土足入店、銀ブラ、洋食

おわりに

大正時代をテーマに本を書こうと思い立ったのは、この時代を舞台にしたアニメ「鬼滅の刃」にはまったからである。

100年前の大正ニッポンが舞台だが、とても現代とよく似ているうえ、いまにつながる多くのモノが、この時代に端を発していることも改めて知った。

たとえば新型コロナウイルスによる感染症のパンデミックは、スペイン風邪の大流行にそっくりで、マスクやディスタンスなどの感染対策やワクチンの急造は大正時代にも見られた。

現在、日本は急激な物価高に見舞われているが、大正当時も第一次世界大戦やシベリア出兵のため、米価を筆頭に諸物価が高騰し庶民生活を苦しめた。関東大震災も、あたかも東日本大震災を彷彿させる。また、女性運動や労働運動、小作争議など、弱い立場の人々がようやく声を上げるようになったが、なかなか国民の理解が進んでいかなかった。あたかもＬＧＢＴＱなど性の多様性にとまどう人が多いように――。

大正時代に始まったものも多い。たとえば、新聞に加えてあらたにラジオという巨大メディアが誕生し、いまでも私たちにとっては欠かせないメディアになっている。国民が民主主義を希求し、政党内閣が誕生したのも大正期のことである。そして、総選挙における内閣総出の選挙応援も大限重信によってこの時期に始まったものだ。

地方では電灯がともり、都会では自動車や市電が走るようになり、ターミナル駅にはデパートが建ち、東京では地下鉄工事も始まった。丸の内のビジネス街には鉄筋コンクリートのビルが建ち並び、高等教育の拡充によって大学や専門学校を卒業したサラリーマン（ビジネスパーソン）が丸の内に出勤するようになった。

たった15年間の大正時代だが、執筆していくうちに書きたいことがどんどんと増えてしまい、ものすごく分厚い文庫本ができあがってしまったことをお詫びしたい。とはいえ、本書を一読してくださったことで、みなさんが大正時代というものをしっかり理解してくださったのではないかと密かに自負している。

2023年4月

河合　敦

装丁・本文デザイン　bookwall

知恵の森
KOBUNSHA

本当《ほんとう》は近《ちか》くにある大正時代《たいしょうじだい》

著　者—河合 敦（かわい あつし）

2023年　4月20日　初版1刷発行

発行者—三宅貴久
組　版—萩原印刷
印刷所—萩原印刷
製本所—ナショナル製本
発行所—株式会社 光文社
東京都文京区音羽1-16-6 〒112-8011
電　話—編集部(03)5395-8282
書籍販売部(03)5395-8116
業務部(03)5395-8125
メール—chie@kobunsha.com

落丁本・乱丁本は業務部でお取替えいたします。
ISBN978-4-334-78809-4　Printed in Japan

78714-1
tか3-5

河合《かわい》 敦《あつし》

歴史を変えた18の政変とクーデター

変と乱の日本史

文庫書下ろし

「乙巳の変」から「二・二六事件」まで、歴史を揺るがせた18の政変、クーデターをわかりやすく解説。教科書の定説だけに囚われない、多角的な視点で歴史の舞台裏を描き出す。

902円

78727-1
tか3-6

河合 敦

近現代から原始・古代まで「どうしてそうなった?」でさかのぼる

日本史は逆から学べ

文庫書下ろし

歴史の勉強は、現時点から遡るように学んでいく方が、因果関係がつかみやすく歴史への理解は深まる―その信念の元に、日本史を近現代から古代まで紐解いていく、全く新しい歴史書。

858円

78755-4
tか3-7

河合 敦

日本史は逆から学べ
近現代史集中講義

文庫書下ろし

安倍政権からペリー来航まで、日本の近現代史を「なぜ、どうしてそうなったの?」と因果関係でさかのぼる一冊。「なぜ日本は長期不況に?」…今と密接に結びつく近現代を一気読み。

858円

78784-4
tか3-8

河合 敦

日本史は逆から学べ
江戸・戦国編

文庫書下ろし

なぜ天保の改革は短命で終わった? なぜ家康は関ヶ原合戦で勝てた? 「逆から学べ」シリーズ第3弾は、江戸時代から戦国時代の幕開けまでを、巻き戻しながら読み解く。

836円

78693-9
tき5-1

岸本《きしもと》 丈《じょう》

始めよう。引き寄せ

文庫書下ろし

引き寄せの法則とは「心の奥底から信じていることは、実現する」というもの。人生を変えたい人、望みを叶えたい人、今より幸せになりたい人のための「引き寄せ」入門。

682円

78776-9
tき6-1

木村《きむら》 泰司《たいじ》

肖像画は語る

美女たちの西洋美術史

肖像画に描かれた麗人たちの華やかな笑顔の裏には何が隠されているのか? 1枚の絵画にミステリーのように浮かび上がる彼女たちの運命、愛憎と性、悲喜劇を読み解いていく。

1100円

78750-9
tく3-1

車《くるま》　浮代《うきよ》

［カラー版］春画四十八手

「四十八手」がエロティックな意味合いも持つようになった江戸時代初期。本書は、春画のスタイルを作り出した元祖「菱川師宣版」を紹介し、後継者たちの作品に、その影響を探る。

924円

78694-6
bく1-2

黒柳《くろやなぎ》　徹子《てつこ》

その後のトットちゃん
徹子さんの美《み》になる言葉

好奇心と笑顔、そして自由な心で、まっすぐ進み続けてきた〝トットちゃん〟こと徹子さん。青春時代の豊富なエピソードを交えながら語る、今を生きる女性たちへのメッセージ。

682円

78347-1
cこ10-3

小泉《こいずみ》　武夫《たけお》

「鋼の胃袋」世界を飛ぶ
地球怪食紀行

ストックホルムで地獄のカンヅメに仰天し、オーストラリアでマグロ焼いて火事騒ぎ、食の冒険家による、世界の食エッセイ。『地球を怪食する』改題。（解説・田尾和俊）

770円

78532-1
aこ2-2

高《こう》　信太郎《しんたろう》

笑っておぼえる韓国語
まんが　ハングル入門

お隣の国の言葉を覚えよう！　基本的な子音から、現地レベルの会話まで、「まんが」だからわかりやすく、笑って自然に覚えられる、日本で一番やさしいハングル入門書。

792円

78538-3
aこ2-3

高　信太郎

楽しく学んで13億人としゃべろう
まんが　中国語入門

中国語は漢字を使っているから、視覚から入れば覚えやすい。だから「まんが」で勉強しよう！　初歩のあいさつから簡単な会話まで、笑って読むうちに自然に覚えられる！

726円

78547-5
aこ2-4

高　信太郎

今日から使える韓国語
超簡単　まんがハングル

本書は、誰でもハングルが読めるコツを「これ以上ない」くらいたっぷり説明。また、カタコトでもすぐ話せるように基本文型も満載。旅先では「まんが」を指差せば会話にも使えます！

748円